莊子漫遊

賴錫三 著

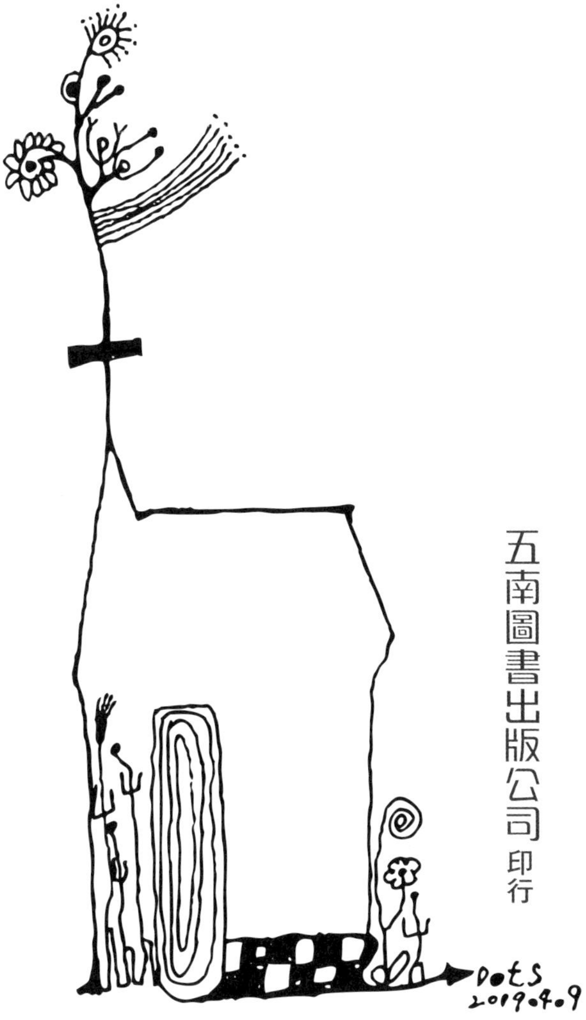

五南圖書出版公司 印行

推薦序　任博克教授「代序」

人頂多百春，能夠多年醉生夢死，倏然往來，不亦樂乎？所知雖不過一忘字，亦可謂真知；相忘於江湖而不忘所始，即是未嘗忘此忘本身之虛而委蛇矣。不忘相忘，相忘不忘，相忘以生，以遊無窮，不亦悅乎？因此溺醉南華三十三篇，日常讀之，夜間思之，課中講之，書上譯之，始終不見其盡頭，甘心振於其無境，大樂攖於其滑疑。此事難言，刺入個人心身最內玄關穴道，盡身痛快而六神無主，萬事通交而獨與往來，忘天地而必有分，參萬歲而無與言。吾安得忘言之人而與之言哉！

初見賴錫三教授，則是本人此生大驚喜之一。實似曾相識，深感不可思議，如未料而身突在家鄉，若無望而人忽逢知音。事先未知此世居然有此奇人在，暮旦逍游莊生大海，日夜吐納南華一氣，為學深博而親切，為人脫俗而老實，稍帶野氣而大懷斯文，遠立雄志而處世簡樸。每次與此異母兄弟碰面，談心談事談書談世談莊談佛，彼此不知其誰何！一以己為牛而以彼為馬，一以己為馬而以彼為牛，一以天地為一馬而以萬物為一指，一以天地為一指而以萬物為一馬，一以己為周而以彼為施，一以己為施而以彼為周。此境界難得可貴，可遇而不可求！

後來參加賴君學術活動，慢慢更了解其思想豐富，分析細微，視野廣闊，關懷敦厚，多多互動，稍認其思路，而後社會文化各種現象觀察，現代中外學界脈絡，自彼觀之，啟發甚大，收穫滿載。

之後幸有機會請賴君來訪問芝加哥大學一年，更進一步一起玩耍學問，深入莊周、天臺各種玩樂三昧。旁欣其課內課外與美國學生棒喝解惑，未知其同時另外偷偷在外面大遊戲芝加哥三昧，參觀各區文物，品嚐本地風光。以莊生眼光漫遊芝城新舊摻雜，悲喜交集商業、建築、藝品、民生、音樂、文化等等。莊周化身碰氣化萬象，發揮自然、都市之互攝，哲學、人生之互具，深思、娛樂之互發。如此以刷手就寫成本書，給中國古代思想一個新生命，給吾輩久困於乾燥書卷曲士學者一個逃離監獄榜樣。說實話，學問必須是活的學問，不然就會埋死自身的源頭。《莊子》一書是人類文化極其難得的寶藏，只在中國先秦幸運地有了此書的問世，他方他地則無法產生如此一等奇異人生活路：非哲學非宗教非知識非道德非政治非自然非人文，又哲學又宗教又知識又道德又政治又自然又人文。雖然南華一書只有那一次因緣具足而形成，但如果能遇到日夜身處其中，吸收消化其妙糧為己體之人，遊戲三昧就會處處再被發明。其書雖唯能生於一時一地，而其化身則漫遊萬時萬地，到處發生。莊生就是這樣活著的吧？現在賴君此書亦然。讀者一入其境，亦可與之玩到世界各地，再發現、再發生，同莊生曳尾於途中，到處與物為春。

任博克（Brook Ziporyn）

二〇一九年五月寫於芝加哥晚春

簡介

任博克（Brook Ziporyn），現任美國芝加哥大學教授。將《莊子》三十三篇全本譯成英文，工程浩大，功德深遠。其天臺佛學研究，開闢東西眼界，打通善惡源流，國際矚目，意義非凡。目前出版了：*Evil And/Or/As the Good: Omnicentric Holism, Intersubjectivity and Value Paradox in Tiantai Buddhist Thought: The Penumbra Unbound: The Neo-Taoist Philosophy of Guo Xiang: Being and Ambiguity: Philosophical Experiments With Tiantai Buddhism; Zhuangzi: The Essential Writings with Selections from Traditional Commentaries; Ironies of Oneness and Difference: Coherence in Early Chinese Thought; Prolegomena to the Study of Li; and Beyond Oneness and Difference: Li and Coherence in Chinese Buddhist Thought and its Antecedents*。其著作陸續被翻譯成中文，如《善與惡：天臺佛教思想中的遍中整体論、交互主體性與價值弔詭》（上海古籍出版社），《一與異之反諷》（浙江大學出版社）等。其對天臺學與莊子學的闡發，深具高度創造性。

前言　漫遊，弔詭道路上

《莊子，漫遊》，是透過《莊子》「逍遙」的「遊」之精神，來貫穿全書的寫作旅程。莊周大概是人類歷史上最早，最深刻的漫遊者之一。莊周既「與天地精神往來」，又能「與世俗處」，且「不敖倪於萬物」。他能同時與天地相遊，與萬物相遊，又能穿遊在人間世的各個角落。簡單說，他無處不可遊，無入不自得。何謂莊周的逍遙之「遊」？對筆而言，莊周的遊，並非簡單的純粹無礙，那畢竟是漫畫版的遊。真正美學而成熟版的逍遙之遊，必然會在「道，行之而成」的曲曲折折，來回往覆，出出入入，若即若離——我將它稱為「走在弔詭道路上」——而呈現「礙而無礙，無礙而礙」的豐富旅程。用個譬喻，它不是二點中間的直線之遊，而是彷彿在迷宮中抑揚頓挫的曲線之遊。

我們可嘗試進一步用「人生如河流」再做比喻：就像河流自然會與兩岸的地形趨勢、風土人情，生機活潑地交談對話，顧盼有情地把兩岸風情給融會到己身來。如此，我河流域與他河流域，交織成相互美麗的流域風光。我河亦他河，他河亦我河。如此，河流從不單是一條獨流河，而是伴隨兩岸自然人文風景而一起美麗。一旦人的自知、自是、自明的「心知」膨脹太過，人生之河就容易像〈秋水〉篇中自大的河伯，成了自我暴漲的狂流，既氾濫了兩岸的風土景致，更成了唯我獨尊的土石亂流。從《莊子》看來，真正具體的逍遙之遊，必然與千差萬別的人事物共活天地間，必然與差異甚至矛盾的觀點並存人間世。生命不能由孤零零的獨我控制一切，反而需要依乎情境中的紋理，調節物我間的空隙，活化人我間的彈性，才能在迂迴婉轉的「兩行」韻律中，彼此適應又相互豐富。就像流河敞開於不斷改變的地理趨勢與人文風景，才能長養出蜿蜒有致、漫漫長流的人生巨河。

庖丁解牛的故事，便十分傳神地暗示了這條曲曲折折的「遊」之路線圖：「依乎天理，批大郤、導大窾，因其固然，技經肯綮之未嘗，而況大軱乎！……彼節者有閒，而刀刃者無厚；以無厚入有閒，恢恢乎其於遊刃必有餘地矣。……雖然，每至於族，吾見其難為，怵然為戒，視為止、行為遲。動刀甚微，謋然以解，如土委地。提刀而立，為之四顧，為之躊躇滿志，善刀而藏之。」人活在世間的具體境遇與人際網絡，真像牛體內部錯綜複雜的迷宮交錯，不同的部位情境就像人生在不同時空下的際遇，有時順暢，有時阻礙。有時節奏可輕快，有時得全神貫注，更不時會遭逢大小路障的考驗，一不小心覺察，就可能會相刃相靡而刀牛兩傷。因此，如何在牛體中的各種紋理路線，進行遊刃有餘的遊，便不能不有幾個原則：一、把自我這把刀變薄，以便讓自己更敏銳地覺察紋理的變化，同時也讓紋理空隙相對變寬。二、這把無厚之刃要能在牛體的不同骨節紋理中，不斷進行依乎天理的節奏變化，也就是刀與牛要能共同舞蹈。三、可輕快時輕快，該嚴肅時嚴肅，還要不時回歸「善刀而藏之」的歇休之地。〈養生主〉說，這樣才能得養生之主。換言之，真正漫遊在物我之間的彈性迂迴，漫遊在人我之間的弔詭兩行，既是自我生命的安養，也是你我人生的豐饒。這便是漫遊在弔詭道路上的「無用之用」。

容我暫時對莊周的「遊」做個小結論：如果「道」是一條迂迴曲折，左右徘徊，可出可入，千變萬化的未知路徑。那麼，「遊」總是能在天人之間，物我之間，人我之間，內外之間，鬆緊之間，主客之間，人群與獨我之間，自然與人文之間……不斷打開一道間隙。彷彿庖丁解牛的無厚遊刃，總能在錯綜複雜不斷變化的路徑交錯間，發現生機與美麗的「餘地」。漫遊，不斷打開了可觀、可遊、可居的詩意棲居空間。

《莊子，漫遊》這本小書的寫作方式，也盡量想要遊刃有餘在：「旅行即思想，思想即文學，文學即藝術，藝術即旅行……」，呈現空間跨域交織的「相即不二」。在本書，「旅行／思想／文學／藝術」的邊界，將變得稀薄，它們的關係具有「際而不際」的可穿透性。旅行是人生極好的隱喻，甚至不是隱喻而是人生實況。旅行，必然帶來旅者對世界的身心感知與迴盪，由此，思想不可能不同時帶來深刻的轉化與回應。旅行就像三千世界的境遇一個個被打開，而每個當下的不同處身境遇，定會觸動旅者的身心靈，從而產生心與境的和弦交響。旅行的深度，開啟了思想的未知深度。思想的深度，豐饒了旅行的百千滋味。它類似於天台佛教的「一念心」和「三千世界」的往來互攝。

由於旅行的過程帶著身體性的感知感受，行行復前行，這種全身性的遊歷，主要不是帶來概念性的思考，而是情意感觸性的思想。用德國哲學家海德格的話來說，這是一種詩意沉思、泰然任之的真正思想，而非頭腦擱淺在書房裡的對象化抽象思考。於是，思想活生生浸泡在身體中，身體活生生浸泡在人事景物中，景物活生生浸泡在天地宇宙中……。人就是風景本身，而不是看著外頭的風景。這種「人就是風景」的思想狀態所帶來的書寫筆跡，便不能不呈現「思想即文學」的交織線條，也就是文學與思想之間的語言漫遊狀態。對筆者來說，《莊子》便是漫遊在思想與文學之間的語言遊戲之典範。它不被學科的分類範疇所困，只求忠實呈現「思想即語言」的流動變化。這可能是更為理想的寫作狀態，因為穿梭在文思之間的寫作主體，乃是知情意交織互攝而不斷轉化的複數狀態。本書寫作的發生境遇，正是一年行走在美國芝加哥城市與近郊的各個角落，帶著莊周式的眼與心，慢慢品遊、細細沉思，變化為「文之悅」的觸情思想。

另外，本書也關聯到與繪畫藝術的即興對話。本書的寫作過程，完全和藝術家賴棟材（筆者長兄）的繪畫創作，同步進行，緊密對話。這不僅因為賴棟材為本書畫出了精采的視覺插畫，實際上也是雙方在「文字與意象之間」的漫遊共創。雖然芝加哥和臺灣正好日夜顛倒，但臺灣畫家總愛在三更半夜創作，因此我們可以奇妙地進行異地卻共時的合作。筆者在芝加哥這一端，每寫完一篇文字就立即傳回臺灣，而臺灣那邊就會隨著當下閱讀的感受觸動，即時即興地傳來美學意象。而每當臺灣傳回高度想像力的繪畫意象時（多張圖畫是在五分鐘或者十幾分鐘內，即興創作完成），又會刺激我的文字與情感，並將圖片鐫刻上文字，交織在文章的脈絡中。換言之，賴棟材這些繪畫意象，帶有高度想像力寫生的即興味道（也是他油畫創作的構圖根基），它神奇地將我的思想文字轉化為藝術意象，我則反饋回去將藝術意象交織在思想文字中。如此一來，將本書帶往了第四個藝術向度去穿越交織，完成了「即旅行/即思想/即文學/即藝術」的四重奏。如此帶給了筆者漫遊在「旅行=思想=文學=藝術」的極大樂趣中。最後，本書在行文的相關脈絡下，隨需要而引述了關鍵性的《莊子》文獻，並且為幫助現代讀者對深奧的《莊子》古文有親切感，進行了白話譯解的工作，而譯解精神為呼應行文的思想行氣，做了些文字上的疏解演繹，但整體上是在莊學脈絡下來進行活化工作。

本書的完成，要特別向兩個人致意。首先是我的夫人林素娟教授，正是她和我共同在芝加哥大學進行訪問，我們才能相伴走天涯，遊遍芝加哥市郊的遠近角落。沒有她一路相遊抬損，談心觸情，我不可能遊歷得那麼盡興深入，每一篇文字中的行旅空間，都刻印我們的步步足跡。現在我把它們化成文字漫遊，她既是文字的故事中人，也是本書初稿的第一讀者。夫妻共命，超越言謝。其次要感謝芝加哥大學任博克教授，他是我五十天命年認識的知交好友，我們不僅是莊學之友，更共享了莊周魂魄。他年輕時就和莊子種下了甚深因緣，如今緣分微妙，我透過莊周魂魄而嘗試通向他對天台佛教妙義的闡發，將旅行帶向了莊子學與天台學之間的思想漫遊。和任博克教授如「旦暮遇之」而「莫逆於心」的友誼，美好的難以言喻，也印證了因緣微妙，不可思議。

本書獻給　母親康阿碧　父親賴清德

賴錫三

完筆於芝加哥之春，百花盛開，密西根湖畔，海德公園旁，小白樓。

目錄

推薦序／任博克教授 (3)

前言 漫遊，弔詭道路上 (6)

1. 時差感的弔詭祕密——吾夢汝覺，旦暮遇之 1
2. 三千世界一念心——天地並生，萬物為一 13
3. 爵士天籟音樂季——咸其自取，使其自己 25
4. 莊子與畢卡索相遇——以己為牛，以己為馬 39
5. 六十六號公路的反諷隱喻——道非常道，行之而成 51
6. 繁華風城中的莊子教堂——上帝阿拉，相忘江湖 65
7. 向存在極限致敬——密西根湖，天人相遊 77
8. 探戈舞步留影——罔兩隨影，人生有伴 93
9. 萬聖節見鬼非鬼——鬼神來舍，何況人乎 105
10. 北國的冬去春來——與物為春，道在枝頭 117
11. 哀悼聖母，聖母哀悼——夜半力士，負之而走 129
12. 暫別母親，遠遊無涯——鼓盆而歌，禮之真意 141

附文 莊子如是說：讓小孩在遊戲中長大，讓大人別忘了遊戲 161

1. 時差感的弔詭祕密——吾夢汝覺，旦暮遇之

芝加哥和臺灣的時差，大約十三至十四個小時。簡單來說，芝加哥的白天正是臺灣的黑夜，臺灣的夕陽即是芝加哥的朝陽。這種近乎正相顛倒的狀態，絕非修辭遊戲，而是既怪異又真實的身體感知。尤其每次要和臺灣親朋好友連繫時，這種時光交錯的異樣感，特別強烈。例如剛到芝加哥時，由於母親才剛剛仙逝歸化，我不忍心與母親感情甚深甚厚，照顧母親至情至義的單身老父，經常要打電話與他說說話、打打氣，但由於兩地時差顛倒，加上老人早睡早起的天性，我便要精準拿捏打回臺灣的黃金時間。又例如和我大哥賴棟材，要合作出版這本圖文交織的小書，我們經常在 Line 的網路線上密集抬損，那時我也會強烈感受到，他在臺灣深夜創作時的存在狀態和我在芝加哥的白日書寫狀態（或者顛倒過來，我深夜他白晝），有著相當細微的精神差異，有時甚至戲劇性的差異心緒。原因無它，人類仍然是動物，基本上仍要隨太陽的起與落，向與背而作息。古人所謂「日出而作，日入而息」是基本道理。東方如是，西方如是；臺灣人如此，芝加哥人亦然。但奇妙又詭異的是，大家都依太陽起落而行住坐臥，但芝加哥的現在我和臺灣的現在你，卻是我朝陽你夕陽，你黑夜我白天，好像活在兩個不同境界裡。這看似見怪不怪，無法道理計的自然時差現象，總在我的認知上帶著「吾謂汝夢吾亦夢也」的詭譎感。

舉個例說，每當我在臺灣桃園機場晚上搭機，正好經過了十三到十四小時的飛航時程，睡個大覺醒來，落地在芝加哥的歐海爾機場（O'Hare Airport），外面的光線幾乎也就是離開臺灣時的一樣夜色。換言之，我從晚上到了晚上，黑夜到了黑夜，中間做了南柯

芝加哥晨曦即高雄黃昏

蓮池潭夕陽即密西根湖朝陽

一夢似的。一時不仔細辦別地景，面對一樣的夜色，我總會興起怪異的感覺，中間那段時間的「我」跑去哪裡？我睡過嗎？醒夢之間的那段間隙，難免令人產生虛實難分的異樣感。一定是我庸人自擾？還是這裡藏著什麼祕密？這樣的時差經驗，讓人想起《莊子》那困惑我良久的一段話：

> 夢飲酒者，旦而哭泣；夢哭泣者，旦而田獵。方其夢也，不知其夢也。夢之中又占其夢焉，覺而後知其夢也。且有大覺而後知此其大夢也，而愚者自以爲覺，竊竊然知之。君乎！牧乎！固哉！丘也，與女皆夢也；予謂女夢，亦夢也。是其言也，其名爲弔詭。萬世之後而一遇大聖，知其解者，是旦暮遇之也。
>
> ——〈齊物論〉

白話譯解：

有時夢中我縱情恣意（夢飲酒者），醒來才驚覺白日現實，我處身在悲慘世界中（旦而哭泣）。但有時又反過來，白日意識經歷美好的歡樂時光（旦而田獵），卻是在夜夢世界裡自哀自憐（夢哭泣者）。正在作夢的時候，我們幾乎就只活在夢意識，會以為夢中狀態就是真實，而不會意識我們其實是在夢中。有時候人們還會經驗到，在夢中又作夢的夢中夢現象。直到我們醒過來，才恍恍惚惚意識到剛剛好像進入很遙遠的夢世界（或夢中夢世界）。啊！只有真正大覺大悟的人，才能細微地覺察眼前意識的種種現象，洞察日常世界的一切，其實也都共享了如大夢一般「化則無常」的祕語。一般人自以為聰明而可掌控不變的事態發展或認知對象，實是小聰明而非大智慧。例如那些全心全意想要實踐君人、牧人的理想抱負，一不小心也會掉入固而不化的一偏之執。我孔丘的理想和你的理想，其實也離不開「大夢」所暗喻的變化之道。而且就算我有了大覺領悟，而笑說你們眼前看似唯一真實的事物，其實都離不開一切如化的大夢現象。其實，我這樣的領悟也仍然是一切皆流的「大夢」示現，並沒有離開變化流行以外而存在著任何獨立的大覺實體。如果有人能了解，我所謂「予謂女夢，亦夢也」的弔詭體會，對我而言，此人就好像萬世之後有位空谷足音的知交至友，千里迢迢來到眼前，彼此莫逆一笑，那樣令人歡喜。

這段話，我曾以長篇論文細細深究過，在此不宜太過囉嗦。簡單說，我的怪異困惑感，乃至後來小小領悟，正是這種「旦暮遇之」的「既夢幻又眞實」的存在感。據我所知，對這種「白天與黑夜碰一起」的古怪現象，「夢時和醒時難分解」的異樣感覺，在中國思想史上，莊子是第一人第一次，給它起了個「弔詭」之名。「弔詭」大約類似英文的paradox，意指黑夜與白天，朝陽與夕陽，醒時與夢時，兩事物、兩存在、兩狀態、兩概念，兩者既存在「矛盾對立」卻又「內在相連」的詭譎狀態。這兩者「必有分矣」，卻又是「分而無分」。正像莊周夢蝶時的古怪狀態，在他夢去時「周蝶徐然無分」，當他醒來時又意識「周與蝶必有分矣」。正是這種「有分而無分，無分而有分」、「際之不際，不際之際」的「既清醒又恍然」狀態，讓我對絕對嚴明邊界的二元對立、二物割絕的素樸預設，產生了疑惑並由此打開弔詭之門。可以說，芝加哥和臺灣的時差經驗，讓我對「旦暮遇之」、「醒夢遇之」、「朝夕遇之」、「黑白遇之」的弔詭模糊性更有了身心實感。原來，事物的邊界（如周與蝶）、意識的邊界（如醒與夢）、價值的邊界（如黑與白），都可能存在著「既差異又同一」的「一即二，二即一」的弔詭關係。我確實在芝加哥的白天遇見了臺灣的黑夜，同樣也在臺灣的夕陽遇見了芝加哥的朝陽。它讓兩種「時差（時間差異）」境界，能「知白守黑」、「朝夕相處」地碰在一起。正是這種弔詭現象的獨特魅力，打開了我們與差異共在共生的「兩行」趣味。

夕陽還是朝陽？餘輝還是旭光？臺灣朝陽與芝加哥夕陽，正同時升起，同時落下。我們確實活在同一個太陽下，站在同一個地球上。但你的太陽升起，卻是我的太陽落下。地球這一邊正在「陽消陰長」，同一時間，地球那一邊則在「陽長陰消」。太陽明明是唯一，地球實實只一個，但它們能同時承載「起與落」，包容「陰與陽」，並讓芝加哥的白天與臺灣的黑夜，能夠「旦暮遇之」。當有人做好夢於夜氣安息，就有人醒來時朝氣蓬勃。有人恬恬淡淡於漫遊，有人忙忙碌碌於早市。有人渴望至人無夢，有人大作白日夢想。真是怪異又美妙！太陽輪的升與落，地球儀的此與彼，人間世的夢與醒，你與我的有爲與無爲，既是「同一物」又是「差異事」。它們正以看似矛盾又自我統一的自行周轉著。此時此刻，我們正與那麼多不同狀態的萬事萬物，甚至相反狀態的人事景物，並生在天地之間，同活在宇宙之中。這便是存在的弔詭實相，每一個人在他自己身上，都可以發現「即升即落即落即升」，「即醒即夢即夢即醒」，「即是即非即非即是」，「即生即死即死即生」。我們每一個人，都以不同方式活在同一個弔詭兩行的美妙邏輯裡。

我們要如何理解或解開這個謎樣般的圓環弔詭呢？莊子給的答案是「以不解解之」。因爲解不開，所以不必解開，反而應納受它。因爲當我們把升與落，醒與夢，是與非，生與死，一刀兩斷時，這樣的「解開」，便已將「渾沌」殺死。因爲包容一切的「渾沌」，正是提供「旦暮遇之」的環中餘地。而渾沌若死，從此將不再提供「南北相遇」、「東西相遇」、「黑白相遇」、「朝夕相遇」的「餘地」了。如此一來，人生將會從「無限的遊戲」，墮化爲「有限的遊戲」。渾沌與環中，正是提供了「無始無終」、「不前不後」、「不古不今」的圓轉無盡運動。它以「即升即落」、「即生即死」、「即靜即動」、「即有即無」的「絕對矛盾又自我同一」，進行著弔詭兩行的無窮運動。如果我們把死與生隔絕，把動與靜分離，把黑與白切開，把光與塵對立，那麼無窮無盡的變化遊戲，也將慢慢停滯下來，漸入死寂。

南海之帝爲儵，北海之帝爲忽，中央之帝爲渾沌。儵與忽時相與遇於渾沌之地，渾沌待之甚善。儵與忽謀報渾沌之德，曰：「人皆有七竅以視聽食息，此獨無有，嘗試鑿之。」日鑿一竅，七日而渾沌死。

——〈應帝王〉

白話譯解：

南海有個王，名字叫儵。北海有個王，名字叫忽。而位處中央的那個王，他的名叫作渾沌。原本南與北，王不見王的儵與忽，偶遇相遊在渾沌中央王的國度裡。渾沌這位純樸無機的王，心中完全沒有南北高低之分，他讓南北雙王幾乎忘我地度過非常美好的時光。離開之前，儵王與忽王心裡想，應該如何報答兩個人對渾沌中央王的感激之情呢？他們自以為好意地這樣想：「人人都有感官七竅的視聽食息來分別並欲求外在的世界，但渾沌你卻獨獨沒有，就由我倆來幫幫你，分別鑿出七個孔竅來吧！」於是儵王與忽王每天都硬幫渾沌鑿穿一個竅，過了七天鑿破了七竅，但是中央王的渾沌卻也因此而死亡。

所以我們要做的是，理解弔詭而不是消除弔詭。我們要解開的是，自以爲可以解開一切的那把二元對立的利刃。只有納受弔詭兩行的日常現象，我們才能以「不解解之」地擁抱眼前不同觀點、不同是非、花紅柳綠、人生百態。一切一切，相映成趣，弔詭共生。百花齊放，百家爭鳴，萬籟交響，萬化相生。

沒有追求，不會放下；沒有有爲，不會有無爲；沒有行到水窮處，不會有坐看雲起時；沒有全力以赴，不會雲淡風輕。這便是《莊子》的「相與於無相與，相爲於無相爲」的弔詭邏輯。於是，離放下更近的距離，是追求而不是放下。離無爲更近的距離，是有爲而不是無爲。這便是「弔詭」的修養祕法，這將是一種徹底的修行，一種自然的幽默，也是對人事物最大的雍容。

原來，西方的芝加哥與東方的臺灣，只是同一地球自轉的面陽與背陽，兩方本來就在同一圓球上周轉著，它們就像環中運動的東西兩極，看似各占一方，各據一端而保持張力，其實雙方都內蘊著推動彼此的力道。換言之，我的朝陽力量成就了你的大地晚霞，你的夕陽力量成就了我的滿天晨光。「此與彼」內蘊著「彼與此」的弔詭力量，這才促使了世界剛健不息，生生不已。芝加哥和臺灣，地理如此不同，文化如此差異，但芝加哥人和臺灣人，皆是共命活在同一地球上，環繞著同一太陽轉，安身立命在同一宇宙中。我們都是「在世存有」的共命人，我們分享了最基本的命運，同一天空，同一太陽，同一月亮，同一星空。讓我們靜靜沉思，細細品味，這「一而又二，二而又一」的弔詭命運所示現的美妙時差吧！

芝加哥意象：「紅／白／黑」的自由與活力」（賴棟材繪，旅美友人林敬賢收藏）

2. 三千世界一念心——天地並生，萬物爲一

〈雲門：豆〉的外景境界

〈雲門：豆〉的內景境界

這顆位在千禧公園（The Millennium Park）的〈雲門：豆〉，遊客必然都要到此一遊。它可是位於千禧公園的心臟，甚至可說是芝加哥市的心臟，所謂「心中之心」。由於它的造形就像一顆光滑鏡面的豆子或種子，因此芝加哥人又喜歡叫它「豆子」（The Bean），正式名稱則爲「雲門」（Cloud Gate）。奇哉！天上雲門就是地下豆子，地下豆子就是天上雲門。我總括其名爲：〈雲門：豆〉。

這豆子雖小，志氣卻不小，它像一粒種子含藏無限潛力那樣，可以三百六十度地把芝加哥市區的全景敞視給收納進去——摩天大樓，天光雲彩，大地萬有，一切眾生，皆被引入這顆小小種豆之中。極小收極大，一物納萬千。妙哉！它具體而微地示現了一花一世界，一沙一天堂。這顆種豆，又好像〈逍遙遊〉那「北冥有魚，其名爲鯤」的鯤子魚卵，小魚子含藏著「化而爲鳥，翼若垂天之雲」的大潛力。它隱喻了任何細微生命，都不可小覷，更不必自棄，就如鯤子內藏化爲大鵬鳥，羽翼高飛白雲門的大美麗大可能。

「北冥有魚，其名爲鯤。鯤之大，不知其幾千里也。化而爲鳥，其名爲鵬。鵬之背，不知其幾千里也；怒而飛，其翼若垂天之雲。是鳥也，海運將徙於南冥。南冥者，天池也。」

——〈逍遙遊〉

白話譯解：

北海的幽玄深處有條魚（或有粒魚卵子），魚名叫「鯤」，牠巨大無比的身形綿延數千里。待時機成熟時，牠竟化為展翅高飛的大鳥，名字叫「鵬」。這大鵬鳥的巨大背脊也不知綿延了幾千里遠。牠昂揚著精神，沖天而飛，那遨翔天際的羽翼，猶如散布天際中的雲彩般美麗廣大。這隻大鵬鳥乘著海風，即將飛往南方溫暖的天池遠遊去了。

環繞著〈雲門：豆〉，每個人都可以從不同角度看到市景，看到自己，看到他人，看到市景中的自己與他人，甚至看到自己正看著豆子裡的市景與他人。你稍一移位，視角便不同，豆子裡的意象便因循隨化，當下回應出不同景象。據此，我們可以環繞著這顆圓豆而周轉；依彼，我們可以看見「我與世界」不斷地波隨變化。《莊子》云：「至人用心若鏡。」，〈雲門：豆〉就像是三百六十度的心鏡，既應而不藏地回應我們與世界的委蛇變化，又不迎不拒地位居環中而「化而不化」。於是它能將「天與地」、「小與大」、「微細與浩瀚」、「地之種豆與天之雲門」，重重相對又相生的弔詭景觀給收納進來。

更有趣的是，遊客們還可以走入〈雲門：豆〉的底部，驚見另一番景象。每個遊客會頓悟自己和他人，扭曲變形、如影如魅的眾生相。這種從〈雲門：豆〉「內鏡」所反射出的「周蝶難分，如夢如幻」，以及從〈雲門：豆〉「外鏡」所反射出來的「周蝶有別，歷歷分明」，又可說「內景」與「外景」展現出弔詭共在的交織景觀。就這樣，這顆小豆子——含納主客、收攏大小、內外皆照。令人不禁玄想莊周夢蝴蝶，周與蝶之間「有分而無分，無分而有分」。正是這顆位於芝加哥心臟的公共藝術作品，具體而微地興發了可以日夢玄想的無窮趣味。這也解釋了為何它會成為遊客們競相拍照，展現自戀的最佳景點。每個自拍者，都可以用相機來扣問：「魔鏡啊，魔鏡啊，這世界上，誰是最佳人？誰是最才子？」答案不證自明，自拍者總是「以我觀之」地拍下了以我為中心的世界圖像。心滿意足地將豆子裡的鏡象之我，收納到無窮自戀的手機裡去。可以說，每個人的手機都「藏天下於我」，裝著滿滿愛戀自我的諸我。

遊客們到此一遊，「以我觀之」地自己收藏了自己，果真通達了〈雲門：豆〉的祕密？果其然也？果不其然也？吾惡乎知之！雖然，姑妄言之。

其實我們只要看的更切近更深入，我們將會發現這顆〈雲門：豆〉，正是隱喻著你我的「心」，也就人人的「一念心」。這波隨委蛇的「一念心」，並沒有自己本具的先驗內容，它的內容在於遊客或來或去，天光雲影的或生或滅，三千市景與四季映現的或流或住。簡單說，來到〈雲門：豆〉的眾生相、四季相、萬物相……有多麼豐富，我這顆一念心便能回應出多麼豐富。所謂「一念心」，是說這顆隨緣回應，化而無常，波流不住的心，它既非自我美麗，也非自我哀愁。它的美麗與哀愁必然與無盡他人，萬事萬物，相依相待地交織出當下一念心的豐饒意象。而且這顆一念心，將隨順萬籟事物的來去變化而變化，它必然「化則無常」且「生生不息」地豐富下去。可以說，我這顆〈雲門：豆〉的一念心轉化著三千世界，三千世界亦轉化著我這顆一念心。世界浩瀚即一念心之浩瀚，一念心之幽微即世界之幽微。一念心收納著、回應著世界；世界收納著、轉化著一念心。由此可悟，人不可能只想要「藏天下於我」，更得要「藏天下於天下」。

從〈雲門：豆〉看來，我之心念，我之人生，所謂的「我」，其實和你、和他、和天、和地、和一切切的物化流轉，一直在共生共化地交織著。因此，我不只是我，我也成就了你。你不只是你，你也成就了我。你/我/他，三人皆不只是自己，因此也才能成就彼此。在我這顆〈雲門：豆〉的一念心中，從本以來都是在領受、回應、參贊著世界萬象。人人都是一顆含藏無盡「內在他者」的〈雲門：豆〉。我的〈雲門：豆〉因著他人的分享參與而豐饒美麗，同樣，他人的〈雲門：豆〉也將因著我的參與而豐饒美麗。人人都是自我世界的中心，也都是他人世界的微沫。

若不信，每位遊客可以嘗試從手機拍下的〈雲門：豆〉，重新再看看所謂的自己，看看其中是否同時含藏著、反射出無數萬象。想想，若非這些天光雲彩的照耀，夢幻街景的映射，眾生百相的交織，那麼這顆〈雲門：豆〉將一無所有，貧乏至極。反之，這顆「天地與我並生，萬物與我爲一」的〈雲門：豆〉，才能象徵著我們豐饒無比的詩意人生。

下次若有遊客再問：「〈雲門：豆〉啊！〈雲門：豆〉啊！天下誰是最佳人？誰是最才子？」〈雲門：豆〉將會回答：「你我一起美麗，你我一起哀愁，你與我都沒有想像中那麼孤獨！那麼寂寞！」所以我現在打算將這顆〈雲門：豆〉，重新命名爲〈芝加哥的一念心〉。並將它收納到我的文字世界中來，讓文字世界又通向三千世界的無數〈雲門：豆〉的一念心去。

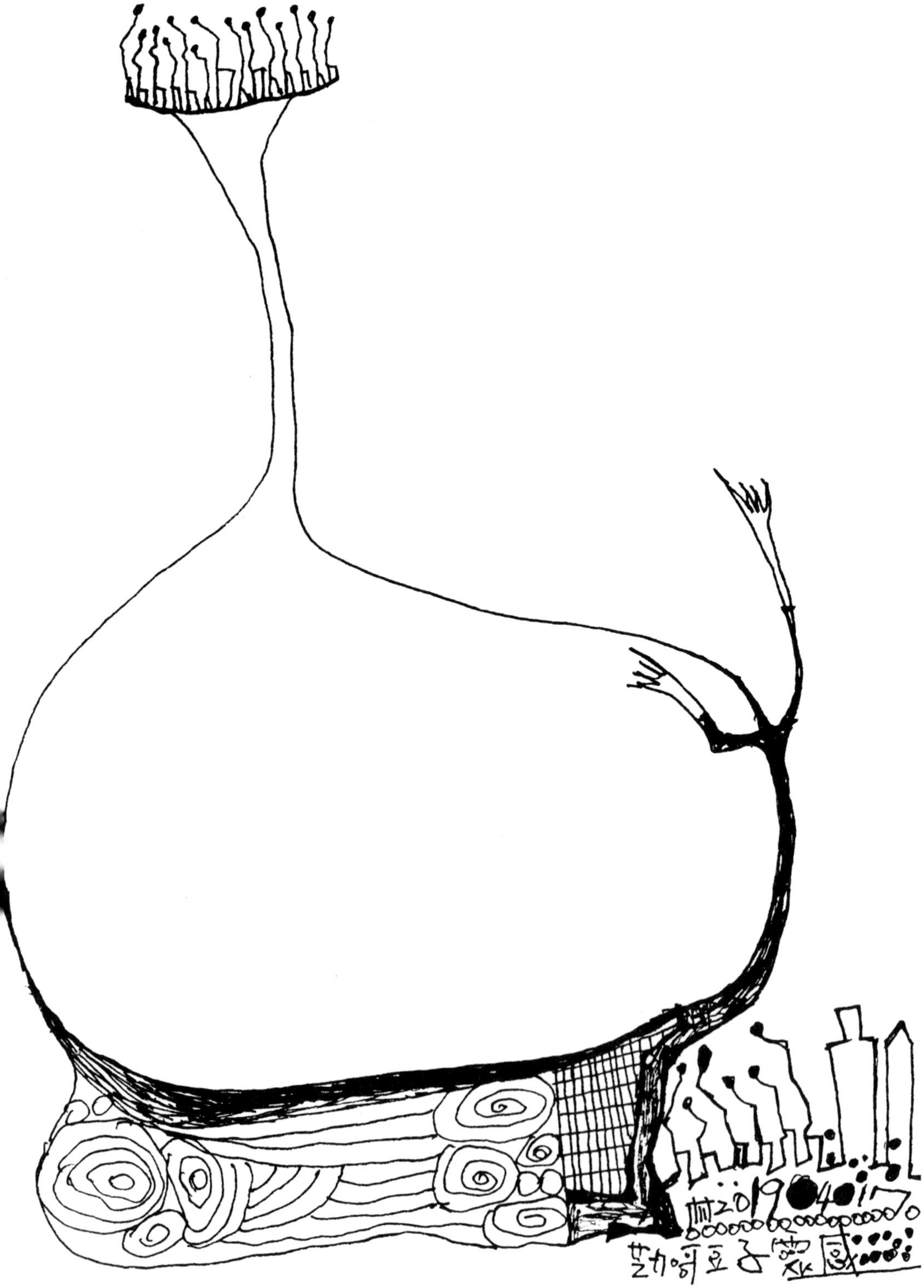

〈雲門：豆〉：芝加哥一念心

高雄海邊沙字：念隨三千

〈雲門：豆〉旁的臉譜噴泉

上善若水，眾生齊歡

3. 爵士天籟音樂季——咸其自取，使其自己

芝加哥的夏季，從六月中到九月中，對比十一月底到三月底的漫漫寒冬，可謂芝加哥市民的黃金時光。四季分配不均，卻極其分明。夏日陽光早早就起（五點初朝陽），晚晚歇息（九點半夕陽），無疑這是老天爺對人們苦守冬窯的精神補償。因此芝加哥市民從六月到九月，幾乎有上百場各式各樣音樂祭，在千禧公園（The Millennium Park）的普立茲克露天音樂廳（Jay Pritzker Pavilion）經常有免費大型音樂演奏。這個千禧露天大型音樂廳，前有正式座椅可令觀眾親近聆賞，後有廣大露天草皮配著造形佳、性能強的大量音響設備，可讓市民們邊野餐，邊享受仲夏夜浪漫樂。我七月底到芝加哥，完全趕上音樂祭饗宴，經常和夫人順手帶個輕食，就泡在「夜晚亦白日」的美妙樂音中。時而坐前觀賞，時而坐後野餐，有古典聽古典，有藍調聽藍調，全然免費，好不快活。而最令我印象深刻的是連續三日聆聽爵士的感受，我是音樂旁聽生，純粹主觀感受，只能以外行人，用耳聽，用心聽，用氣氛聽，隨感隨說這三日的爵士 Jazz 經驗。

爵士季，緊跟著上星期的古典季，所以在描述我的爵士經驗前，有必要先描述我的古典樂經驗，以求相映成趣。我在上星期已連續幾天聽了頗富盛名的芝加哥交響樂的古典演奏，那是近乎七十五人的大型演奏會，各種樂器表演，訓練有素，精準到位，波波樂音，旋落旋起，如百花盛開，似爭奇鬥豔。不管就視覺場面之盛容，就聽覺樂音之雄渾壯闊，無疑是高品質的雅樂享受，正所謂「禮儀三百，威儀三千」，差可形容。尤其指揮家（conductor）特別具有戲劇性，他那猶如神臨般的姿態，一支小小指揮棒，卻能揮動千軍萬馬般的樂音奔騰。「天地一指也」，天地之大，卻被收納在他的指揮棒手指間。萬籟眾音，從他手中一揮而出，盡在他指掌手心。這樣人數龐大，結構謹嚴，訓練精良，控制準確的龐大音樂體系，無疑是貴族象徵，教養象徵，甚至是文化資本的權力象徵。而位居中心，居上臨下的指揮家，用《莊子．齊物論》的意象來說，就好像是眾音曲調背後的造物者、怒吹者。因爲整體音樂演奏的過程，再多番嚴謹的系統性排練下，雖也聽似多音交響，但更以精準到位與架構和諧爲整體基軸，相對缺乏了偶然與遊興。整個音樂世界就好像是在造物主的結構安排下，預定和諧，理序演出。而這位指揮家便多少隱喻了造物主，或眞君眞宰般的主控全局者。於我而言，古典雅樂，美則美矣，但不免有幾分「文勝質」、「必然勝偶然」、「形式遞增，存在遞減」之傾向。

相較之下，我這星期聽到的爵士樂，明顯是古典樂的反諷。一言以蔽之，它湧現出黑人靈魂的內在吶喊，近乎幾百年來苦痛壓抑的原聲湧動。它並不典雅，時而樂音粗礪，拔地暴發，時而有調無調，喃喃自嘆。一唱一和，有時爭執，有時對話。它拉大了很多遊興空間，既遊戲也抒發。我尤其關注爵士樂沒有神般的指揮眞宰，只有動人心弦，召人魂魄的靈魂人物，尤其是黑人魅力型的靈魂人物。原因大概是苦悶無處發、存在無可依的渾沌雄魂，必得有一位 Charisma 的魅力型人物來吹奏，來咏嘆，那百年失聲無語的幽魂原鄉。此一召魂人物，全不同那位古典樂體系權力集中型的眞君眞宰。他既不主導也不指導，他只是多重樂音中的鼓動興發者。他的性靈之音必須與其他眾音之魂，相互召喚、彼此轉化。

夜色臨，華燈上的千禧公園音樂

古典雅樂的禮儀三百威儀三千

而這位靈魂人，隨著樂團組成的因緣機遇，或以鋼琴手爲靈魂，或以薩克斯風手爲靈魂，或以鼓手爲靈魂，或以主唱者爲靈魂，也可能以多重角色者（如鋼琴手亦是唱者等）來總攝其魂。總之每個團體的靈魂人物，隨緣發生，難定一尊。而靈魂之音的抑揚頓挫，意在邀約各種差異的靈魂力量加入，同遊共化於大塊墨魂的渾然力量。用《莊子．齊物論》話說，靈魂人物必須時時讓開自己，以讓萬籟「咸其自取，使其自己」地參與即興遊戲，背後不必有眞君、眞宰、眞怒者，來做系統性的規劃與控制。

由此觀之，爵士樂明顯是多中心的，遍中心的。爵士在偶然與必然之間，力量與結構之間，更偏向於前者。因此，爵士樂時而會呈現出在「有調與無調之間」的徘徊現象，有時甚至走入渾沌不明，無調而近乎雜音狀態，但隨之又在音音之間，尋回無調中的有調。它不預定大謹嚴大結構，反而較大程度容許結構隨當下性情，浮沉隨動。這種音樂，寧取「質勝文」，不取「文勝質」。有時甚至保持質實拙文、不成曲調的渾沌狀態。這種狀態與位置，或許類似老子與莊子對禮文的態度，寧可情眞文素，也不願華文掩飾眞摯。道家也不輕信「文質彬彬」的辯證綜合中道觀，而寧願維持「文質之間」的弔詭頡頏，以保持在當下情境中，最足以興發的精誠力道。換言之，它相信力量會找到形式，而不是用形式去限定力量。這種力量優先的模式，更相信眞摯感人的東西不羈於形式，也不在於形式。誠如《莊子》所言，精誠由衷內發，自然神動於外：

「眞者，精誠之至也。不精不誠，不能動人。故強哭者雖悲不哀，強怒者雖嚴不威，強親者雖笑不和。眞悲無聲而哀，眞怒未發而威，眞親未笑而和。眞在內者，神動於外，是所以貴眞也。」

——〈漁父〉

白話譯解：

真實的情感，必來自至精至誠的內在。沒有內在精誠由衷的本源，是無法真正感動他人的。這就好像勉強自己哭得很悲痛，卻未必能引人同感哀傷；勉強自己很氣憤嚴厲的樣子，卻未必真能震懾人心；勉強自己表現出親切笑容，卻未必能讓人感受親和力。其實，真悲傷，無哭聲也能讓人深感哀痛；真憤怒，不顯暴怒也能產生威嚴氣氛；真善意，無須笑臉迎人也能自然引發親和。這都是因為真實的內在力量，會自然流動出它的神韻氣氛。所以我們應該特別珍惜由內湧發的真誠力量。

聆聽爵士樂的這三天，我都選擇坐在音樂廳的前方位置，而非千禧公園的後草皮。主要不是音效考慮，而在於視覺甚至身體感的考量。我發現爵士不能只用耳聽、心聽，還要用氣聽（用氣氛聽，用身體感聽），而這種身體感的參與，是不能錯過視覺親見的臨場感。所謂「目擊道存」，近身觀看會發現演奏者的身體與表情都在說話，身體和樂調之間，帶

爵士音樂，黑人雄魂

爵士招魂，魂兮歸來

來強烈的戲劇性交織。這也給「既觀又聆，聽視一體」的聽樂人，有了強烈的身體參與感。突然間，你的血液裡好似注入黑人的雄渾力道，或者喚醒你本來就有的 wild 野性原力，讓你對這個黑色族群的百年命運多了實感。

藝術不只在美美的華麗形式，歸根究柢還是力量問題。好的古典樂，未必流於文勝乎質，也可能實現文質彬彬，並在預定結構下保有時間性藝術的流變特質。而好的爵士樂，雖未必威儀棣棣，典雅正美，但必定力量十足，動人心弦，並堅持原質真摯的當下興發。連續聽三天的千禧爵士，每晚連聽兩場而總共六場。三場平凡瑣碎，三場攝我靈魂。這三場爵士樂的靈魂洗禮，已讓我對美國黑人加深了體知的感受性理解。我所寄居的芝加哥大學附近，那兒終日可見眾多非裔美人（黑人）的身影與臉龐，經由這三天的爵士樂受洗，我不免對他們多了幾分傷感。從那之後，每當我與這些過路不識的黑人朋友們，在眼神微微交會之際，我的臉龐都會多了一抹淡淡微笑，也經常獲得他們敦厚親切的回應。這或許是音樂在無意間，所帶來的潛移默化和倫理效果吧！免費的音樂祭，帶來寶貴的無價經驗，樂哉！

附記：（我將爵士經驗的感想，寄給好友任博克教授，他回信將爵士與古典中文的閱讀經驗連結起來，很有理趣，我將信件部分內容翻譯如下，提供讀者參考。）

錫三：真高興讀到你對爵士在視覺和聽覺這兩重向度的反省，特別是你在爵士演奏中真實經驗到的無中心，不斷位移的中心，不斷轉化而所不在的中心，以及無計畫性的自發形式，並無須強立在乎其上的形式或任何權威性的單一秩序中心。甚至這樣的自發形式，需要的時候，也可以婉轉曲通，甚至加以破除，以便轉入更爲開闊的融貫成型與不可預期的相續性。除非你親身耳聽眼見經歷它，否則它是很難在理論上說服人的，就好像閱讀古典中文的經驗那樣。每當我告訴學生：「古典中文沒有一成不變的文法規則，沒有諸如時態、量詞、陰陽詞性、名詞—動詞構詞學，沒有定冠詞與不定冠詞，沒有大小寫，也沒有標點符號。」我的學生經常會疑惑地問說：「這樣的語言狀態還能稱之爲語言嗎？這樣高度不確性，純粹只依靠脈絡（如無韻無由的融貫成型及大小脈絡的展開），如何可能傳達意義？」但在閱讀與書寫古典中文時，你就是可以經驗這種創造意義的眞實性，甚至對何謂意義打開了全新向度的領會。我想，它契同於爵士經驗的眞實性——它已轉變了何謂秩序與和諧的概念。你或許會想起安樂哲的的美學秩序吧，而另一個夏威夷教授 Peter Hershock 也曾有佳文討論過爵士和禪宗的關係。其實，當你回想起一九五〇年代，那些垮掉派的詩人們（像 Jack Kerouac, Allen Ginsberg 等人），會發現那裡有著歷史的連結，他們全盛時期時都是一頭栽入佛教，而那也是鈴木大拙禪的狂捲時期。我好奇你對藍調會做何反應？我已迫不及待想看看你的回應了。博克

Dear Shi-San:

I'm so delighted by your reflections on jazz in both its visual and auditory dimensions

--especially the centerlessness or rather shifting center, the transforming omnicentrism, that you actually EXPERIENCE in a jazz performance, as well as the planlessness, the way order forms itself without having to be imposed from above or from any authoritative single center of order--not completely without guidelines, but guidelines that have no absolute authority, that can be bent and twisted and broken when necessary, as part of the larger coherence, the unpredictable continuation. This cannot be theorized convincingly unless you see and hear it happening--much like reading classical Chinese! I often have students say, after I tell them that classical Chinese has no hard-and-fast grammatical rules, as well as of tense, number, gender, noun-verb morphology, definite and indefinite articles, capitalization, punctuation, "How can such a language even be called a language??? How can you even transmit meaning with that degree of indetermination, depending PURELY ON CONTEXT, i.e., coherence, context expanding larger and smaller without rhyme or reason???" But you can EXPERIENCE the fact of meaning-making in reading and writing the language, and this reveals a whole new dimension of what "meaning" even IS. The same is true of jazz, I think: it changes out concept of what order and harmony are. (You may think here of Roger Ames' on "aesthetic order" too--and another Hawaii prof, Peter Hershock, has written nicely about jazz and Zen Buddhism. Actually there is some historical connection there when you think back to the

Beat Poets of the 1950's: Jack Kerouac, Allen Ginsberg, etc.--all total Buddha-heads in their heyday. D.T. Suzuki was all the rage...)I wonder how you will react to blues!!! I can't wait to see that.

——Brook

4. 莊子與畢卡索相遇——以己爲牛，以己爲馬

以己為牛，以己為馬：Picasso

畢卡索面具畫作的原始生命力

芝加哥的市政中心，又稱戴利中心（Daley Center），是一棟高達三十一層的厚重紮實鋼材建築，也是七〇年代後，芝加哥現代化新建築的標誌象徵，許多對建築感興趣的朋友們，必定要前往觀賞考察一番。我的興趣更在於廣場前方，那座高達十五公尺的巨型鋼材雕塑，名爲「Picasso」（或 Chicago Picasso）的公共藝術作品。這座藝術作品和整棟大樓，顏色都呈現古銅色穩重感，有一種低調奢華的簡淨利落風，而且在空間的搭配上，相映成趣又十分和諧。它們是公共藝術與公共大樓，相互輝映的成功典範。在高樓林立的芝加哥市區行走，漫遊到此，就彷彿來到都市叢林的一塊林中空地。藍天白雲，霎時綻放，神清氣爽。我每次在市區累了，都會來此一邊歇腳，一邊舒展精神。我認爲這件「Picasso」的藝術作品，扮演了功不可沒的關鍵性轉化力量。這件畢卡索設計又名爲「畢卡索」的作品，具有高度的遊戲性格，它創造出遊戲氛圍，帶來遊戲的轉化力量。使得嚴肅的市政辦公大樓，剛強堅硬的古銅色鋼材大樓，從「不可親」轉化爲「可親」。妙哉！一件遊戲之作的藝術品，竟能以小轉大，以輕制重，以柔克剛，發揮了調和與轉化的巧妙力量。以下我嘗試說說。

首先，可先從這座「Picasso」的作品形象說起。這件作品一樣帶有畢卡索向來立體抽象及原始面具的味道，我們依稀可辨識它是數個意象的合體或變形。從正面看，它或是像牛或是像馬的變形。轉從後面看，則是蝴蝶飛舞的姿態。簡單說，蝴蝶的飛舞與牛馬的頭臉，「既一又二，既二又一」地「物化」在一起。它們既是畢卡索典型的藝術手法，也是神話思維的變形特質。以畢卡索的西班牙文化背景，加上他受黑人雕刻的原始藝術與生命力所啟發，這個作品帶有原始思維與變形神話風格，應該不難索解。這件作品的蝴蝶、牛、馬等相關意象，自然讓我聯想起《莊子》的「莊周夢蝶」與「一以己為牛，一以己為馬」。眾所皆知，《莊子》的物化哲學、變化哲學，也建立在對神話思維和神話意象的運用轉化上，例如鯤化鵬徙、莊周夢蝶、渾沌鑿竅、神木巨樹等，俯拾皆是。可以說，莊子和畢卡索都能善用神話思維的想像力，將人類語言概念對造形框限、思維限制給再度打開，重新敞開了海闊天空、鳶飛魚躍的大想像、大變形、大創造力。只是莊子善用文字藝術來表達，畢卡索善用空間藝術來呈現。例如，莊子讓大鯨魚化為大鵬鳥，展翅高飛三千里於天池逍遙，帶我們暫離凡俗的柴米油鹽醬醋茶。同樣，畢卡索也讓蝴蝶化為牛馬，牛馬化為蝴蝶的變形遊戲，在芝加哥的塵囂市區中，打開了一方可令人暫時忘憂的遊戲天地。兩位想像力大師，都高度展現了變形與遊戲的轉化魔力。

「昔者莊周夢為胡蝶，栩栩然胡蝶也，自喻適志與，不知周也。俄而覺，則蘧蘧然周也。不知周之夢為胡蝶與？胡蝶之夢為周與？周與胡蝶，則必有分矣。此之謂物化。」

——〈齊物論〉

白話譯解：

莊周曾經夢見自己變成了蝴蝶，飄飄然自在而美麗地就像隻真正的蝴蝶。牠怡悅快意地飛舞著，早已遺忘了莊周那個人。過了不久，夢醒了，他才又意識到眼前自己分明就是莊周。然而我們又怎麼能確知，到底是莊周作夢夢到了蝴蝶？還是蝴蝶作夢夢到了莊周？雖然此時此刻，莊周與蝴蝶在或夢或醒之際的當下，恍然無分別中又必然存在各自有別的獨特差異性，這便是所謂「物化」的奧祕與美妙吧！

「有虞氏不及泰氏。有虞氏，其猶藏仁以要人，亦得人矣，而未始出於非人。泰氏，其臥徐徐，其覺于于，一以己爲馬，一以己爲牛，其知情信，其德甚眞，而未始入於非人。」

——〈應帝王〉

白話譯解：

有虞氏還不如泰氏的境界。那是因為有虞氏心中仍然挾帶固定的道德標準來要求他人。因此對人的肯認，同時離不開對人的否定。而泰氏的行住坐臥，質樸無知又天真自在，就好像他時而會忘己而自以為牛，時而會忘己而自以為馬。他這種不高居他人之上而評價他人的「知（無知之知）」，更可以真正贏得信任。他這種不自居有道德而能容納不同事物的「德（不德之德）」，才更是能包容他人。這都是因為他從未輕易用固定標準去裁判他人。

在芝加哥人來人往的現代大都會中，市民絡繹不絕的辦公大樓下，畢卡索高高樹立起「像牛像馬又像蝶」的造形藝術，它彷彿是在人類的畛域世界，置入了物我相遊的齊物世界。也像是在成人的銅牆鐵壁，鑿開一道時光隙縫，以通達孩童世界。尤其這座造形藝術特別有親和力，它本身的設計就是童玩式的溜滑道，而且以其堅強玩不壞的建材特質，得以邀請大小子孩們，情人男女們，主人愛犬們，一同盡情嬉戲。或躺或臥，玩上玩下，放牛吃草，任馬遨遊，與蝶共舞。使你能在繁忙緊湊的城市裡，偷得浮生半日閒，度過白日夢般的歡快時光。就算你不玩，單是看孩子們嬉戲語笑，也足以讓你忘憂泰半了。它猶如透過遊戲，邀請大人小孩，男女老少，人犬牛馬，閒雲野鶴，一同進入猶如莊周夢蝶的「無分有分，有分無分」的「物化」世界。這樣的遊戲世界，可將市儈氣息的計算機心，轉化爲無心無爲的逍遙氣韻，讓人們相忘於遊戲而忘機忘憂。在這種非計算、無名利的遊戲氣氛中，人們放下名利計算、批評議論的「非人」態度，將人爲的「是是非非」標籤給放下，彷彿來到一個可「一以己爲牛，一以己爲馬」的「齊物」樂園。每個人都可慵懶自在地只做自己，不擔心別人，也不被擔心，不非議他人，也不被非議。人暫時就像無用的大牛，放牛吃草而任由野鶴停背，暫時做個閒雲野鶴人。爲牛、爲馬、爲蝶、爲鶴、爲人，都可以一同遊戲，物我相化。共成一個「無殺伐」、「無害心」、「無利用」的逍遙樂園。

惠子謂莊子曰：「吾有大樹，人謂之樗，其大本擁腫而不中繩墨，其小枝卷曲而不中規矩。立之塗，匠者不顧。今子之言，大而不用，眾所同去也。」莊子曰：「子獨不見狸狌乎？卑身而伏，以候敖者，東西跳梁，不辟高下，中於機辟，死於罔罟。今夫斄牛，其大若垂天之雲，此能爲大矣，而不能執鼠。今子有大樹，患其無用，何不樹之於無何有之鄉、廣莫之野？彷徨乎無爲其側，逍遙乎寢臥其下，不夭斤斧，物無害者。無所可用，安所困苦哉？」

——〈逍遙遊〉

白話譯解：

惠施跟莊子說：「我有棵大樹，大家都叫它樗樹。它的樹幹粗壯臃腫而不合乎繩墨標準，樹枝也太過捲曲而不符合規矩尺寸，這棵樹挺立在道路上，但工匠們卻不瞧它一眼。它的狀況就像是你剛才所說的話那樣，大而無用，所以大家才會拋棄它。」莊子回答惠施：「你沒有看過野貓與黃鼠狼嗎？牠們喜歡弓藏著身子到處埋伏，一心等待小獵物上鉤。卻因為只顧著追捕獵物，東跑西跳而不顧高低，最後自己也掉入捕獸夾而死於羅網陷阱中。你想想，現在天地間假使有隻大斄牛，牠長的就像天邊雲朵般巨大而自在。這隻巨大而活出自己的大牛，牠的大卻不是專用來捕捉小老鼠用的。老朋友啊，何不放牛吃草，讓牠優遊自在！就像你現在也有這樣一棵大樹，為何卻總是掛心它沒有任何實用價值。為何不嘗試換個角度想想，任隨這棵大樹自然生長在不知名的鄉村邊，那一望無際的廣闊原野上，它可以讓你優遊自在地漫遊，可以讓你逍遙忘我地躺臥樹蔭下，難道這不是另一種妙用嗎？而且它將永遠不被利刃斧斤給砍伐，不會遭受外物的傷害。如此看來，它看似沒有你所謂的實用性價値，卻也因此不被困苦在規矩繩墨的利害計算的陷阱中！」

在高度競爭的資本主義城市，不能不到處充斥惠施所強調的有用有效、競爭計算的功利性思維，但時時刻刻的計算又算計，將形成一張由利害編織而成，彌天蓋地的網罟，創造出高度緊張的叢林法則與獵殺關係。行之既久，不免將人與人的非計算、無利害的其他可能性，都一網打入狸狌捕鼠的掠奪機制中。現代人的朝九晚五生活，除非下班，否則中間也就那麼少的可憐的片刻空檔，因此如何在城市機辟網罟的高壓羅網中，打開一道無用亦無害的遊刃間隙、裂縫餘地，以便讓人們能及時釋放壓力，舒朗精神，這便是城市公園及公共藝術作品，可以發揮的清涼藥方。而這座我稱之爲「以己爲牛，以己爲馬：Picasso」的公共藝術作品，可說是非常成功地扮演了轉化通道，不亦妙哉！

這座公共藝術十分巧妙地運用了「物化」的物物相依相化力量。這除了在造形層面涉及到人與物，物與物的彼此轉化關係，同時它也能透過「固必自化」的物化力量，轉化了現代化鋼骨建築的本質化、實體化、僵硬化特質。使用幾乎不壞不變的鋼材來做成藝術品，再搭配背後戴利大樓金剛不壞般的強硬建築，可謂剛強加剛強而不免太過剛強。因此這個

「即牛即馬即蝴蝶」的物化柔軟力量，透過它柔軟、輕鬆、自在、寬和、童心的柔性氣氛，高度展現了以柔弱轉化剛強的弔詭力量。不管就公共藝術作品的「剛柔並濟」風格，還是藝術作品和戴利大樓的「以柔克剛」關係，它們都再三呈現出剛柔相依相化的弔詭力量。妙哉！透過藝術的遊戲性、想像力，讓我們在到處高樓林立的銅牆鐵壁的森林中，暫時闢開一處莊周夢蝶、蝶夢牛馬的詩意空地。就在這物我遊戲的詩意林中地，我們終於發現了一處「無何有之鄉，廣漠之野」的可休歇處！

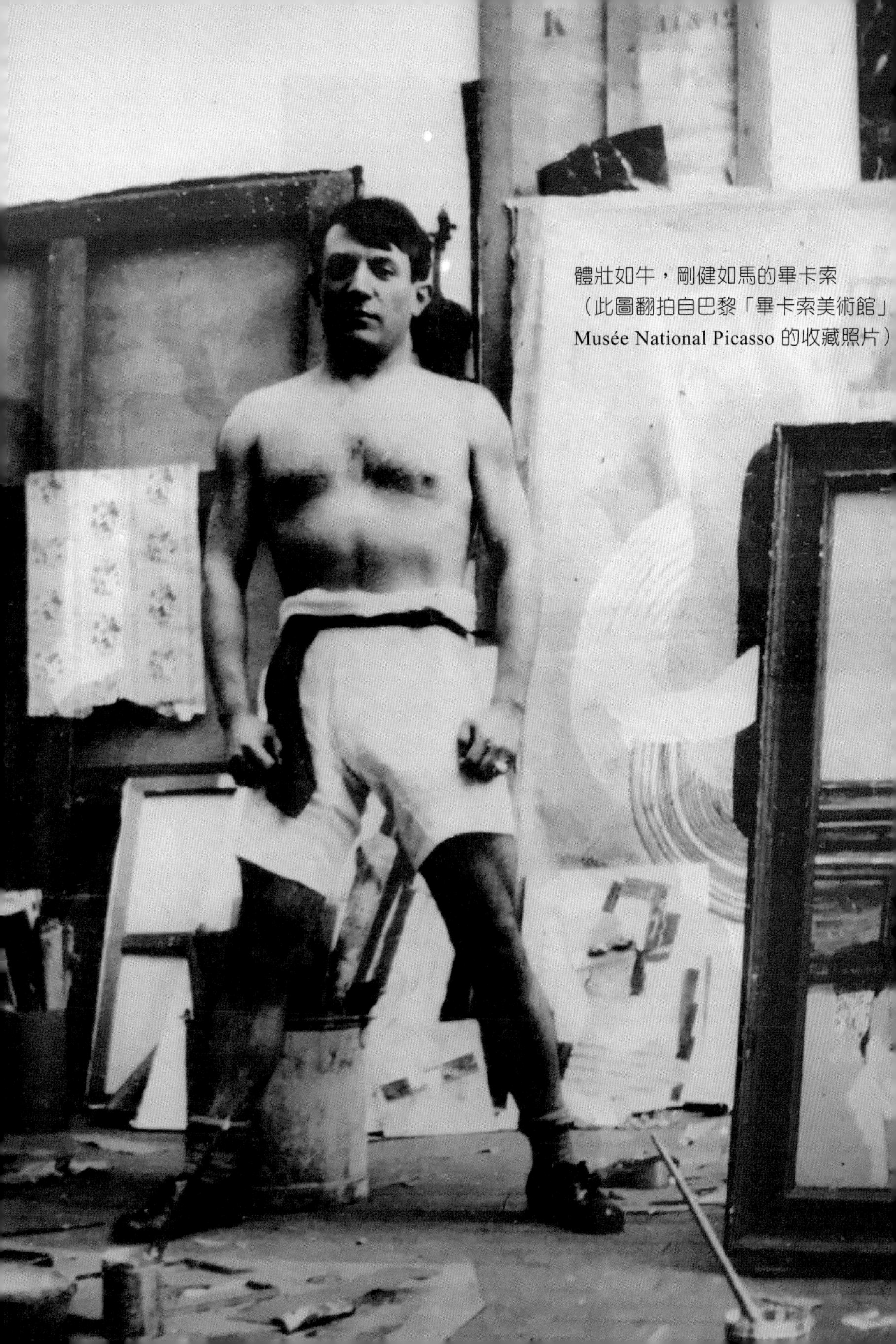

體壯如牛，剛健如馬的畢卡索
（此圖翻拍自巴黎「畢卡索美術館」
Musée National Picasso 的收藏照片）

賴棟材對畢卡索致敬：生命力對生命力

5. 六十六號公路的反諷隱喻——道非常道，行之而成

芝加哥藝術學院前的雄獅鎮路

位於 The Art Institute of Chicago（芝加哥藝術學院）正前方，有個六十六號公路的歷史紀念牌（US Route 66），它正是昔日橫貫美國東西部的一條充滿故事的歷史性公路。這條六十六號公路的最東起點，正位在芝加哥藝術學院前，兩頭威武雄獅坐鎮把守的正前道路。六十六號公路，在美國西部開發遷移史上，充滿很多悲歡喜樂的夢想與夢碎故事。我來此「母親之路」摸索蛛絲馬跡（又稱 Mother Road），不免興發日夢懷想。畢竟道路是最好的人生隱喻，所謂「人生如道路」、「生命似旅行」。而道家之爲道家，本來就與「道行之而成」的道路活動，密不可分。因此借題發揮，說說道理，談談人生。

一般人總直覺以爲道路就是連結某一起點到另一終點，中間那條直線之路。例如從我的五十五街宿舍到芝大校園的 Rogenstein 圖書館，那條讀書之路。或者日本從南禪寺到京都大學之間，日本哲學之父西田幾多郎常常散步的那條「哲學之道」。「道＝路」直直連接兩端，如是被直覺，如是被預設，如是被習慣。於是道路便明顯有了工具性價值、手段性意義，它是連接「企圖」和「目的」的中介手段。於是我們一早醒來，意向性直趨目標，一頭奔前，急忙趕路，一心一意，只在抵達目的，完成任務。

兩岸猿聲啼不住，輕舟已過萬重山。中間過程，我們成了自了漢兼無情郎。誇張地說，你／我／他，皆成睹面不視的喪屍。一路望去盡客魂，可憐身是此中人。我們都遺忘了過程中的花紅柳綠，人事風景。或只是心不在焉，虛情假意一番，便急忙走過。因爲中間這些插曲，只是有礙目標絆腳石，一腳踢開不客氣。沒有偶然，純屬必然。這便是自以爲上帝般的人生主宰，一切俱在我預定、我控制，精準發生，猶如鐘錶。這樣的人生道路沒有偶然微妙與偶發樂趣，它讓每條道路都成了直線，條條道路通羅馬，大家趕市集買貨去。

《莊子》說「道，行之而成。」然如何「行之」？對於《莊子》，道路的每一點，都有通向十方的潛力，具有不斷叉開的可能性。於是，道路必然因爲周遭人事景物之風情，蜿蜒流淌出曲曲折折美麗河道。每個起點都可能通向不可測的十字路口，遭遇不可知的人事景物。於是多了冒險與驚奇，偶發與偶樂，百感交集，千萬滋味。在可測與不可測之間，必然與偶然之間，有計與無計之間，道路如何隱喻自己？這條66號公路，向我提問了這麼個人生公案。

「道行之而成，物謂之而然。惡乎然，然於然。惡乎不然，不然於不然。物固有所然，物固有所可。無物不然，無物不可。故爲是舉莛與楹，厲與西施，恢恑憰怪，道通爲一。其分也，成也；其成也，毀也；凡物無成與毀，復通爲一。唯達者知通爲一。」

——〈齊物論〉

六十六號公路的歷史路標：美國夢、中國夢、臺灣夢，皆將自我反諷？

Skokie
Chicago
Cicero
ILLINOIS
US
66
HISTORIC ROUTE
BEGINS

白話譯解：

道路是在我們行走的曲折過程中才具體形成，事物是在我們命名的過程中才被如此分類如此稱呼。眼前的道路和事物，為何這樣呈現？是因為我們用這樣的角度去開啟它們。為何不是那樣呈現？那是因為我們不採取那樣的角度去揭露它們。事實上，所有的道路和事物，都擁有各種開啟與揭露的可能性。任何道路都可能有它行得通的路徑，任何事物都可能有它講得順的道理。就像大樹和小草，醜婦和美人，甚至各種千奇百怪的事物，那廣闊無比的大道都容得下它們。當我們固執在一種分類事物的標準時，它雖然可以突顯某種特殊角度下的事物特性，但是它所突顯的特殊性，通常也會同時遮蔽了其他可能性。所以不要輕意用一種固執的標準去強分事物的成與毀，反而應該讓不同事物都能在廣闊的大道上，獲得走在自己道路上的脈絡合理性，這才能真正帶我們通達廣大又包容的道路真諦。

佛教徒最愛勸告我們，人生不要執著，要放下啊！但說實在的，人應該是要執著而非不執著。執著，才是人生旅程的修行起步、不二法門。執著於前程，執著於目標，執著於愛情，執著於理想，執著於正義，一一皆屬人生積極有爲正常之道。就連當年覺悟者佛陀，年輕時也一樣執著，甚至他在全心追求覺悟的過程中，也不能免於追求過「執著於不去執著」。如此，才方能來到「人有窮，天無限」的頓悟門檻。

雖然執著太過不免自苦，但說到底，執著還是會通向無可執著，因爲任何的執著，終將「自知自覺自作證」於自身的渺小危脆。其實「執著於不執著」、「追求於敢放下」，也都內藏著驅迫自己的大苦。它和執著於正義、理想、眞理、愛情、名利，目標雖不必相同，但它們卻同樣都是有心有爲的變形，並期待「有求有得」、「大求大得」的夢想。可見執著無所不在，無可去也不必斷。一但強迫自己斷除它，它反而更如影隨形，潛伏變形地遍在一切處。因此人生的修行之道，不如老老實實於積極追求，嚴嚴肅肅地執著所愛。話雖如此，積極追求，嚴肅執著，有其陷阱，不得不察。

一般所謂積極追求，至少有兩個基本特質値得想想：一者「掛一漏萬」，二者「遺忘世界」。積極追求，求的是「焦點化」的目的性功能實現。求愛情、求名利、求正義、求眞理、求滅苦、求解脫，這些追求皆可能「掛一漏萬」。例如求愛情者，常常忘了友情與親情，甚至忘了愛情之無情絕情。例如求名利者，常常忘了健康與時間，甚至忘了名利之傷身害命。例如求解脫者，常常忘了花好月正圓，騎牛覓牛而忘牛，求解脫反成大煩惱。而《莊子》所謂「勞神明爲一者」，便是反諷這種「求一端，捨天下」的小尖小頭、一心一用的積極。《莊子》「朝三暮四」的反諷深意，也在反諷狹心偏執的積極，隨時可能遭遇「亢龍有悔」、「物極必反」的自我反諷。例如，求得財富也求得了癌症，求得了愛情也換得了絕情，求烏托邦卻逆轉爲反烏托邦，想求解脫卻得到更多麻煩。

「勞神明為一而不知其同也，謂之朝三。何謂朝三？狙公賦芧，曰：「朝三而暮四」，眾狙皆怒。曰：「然則朝四而暮三」，眾狙皆悅。名實未虧而喜怒為用，亦因是也。是以聖人和之以是非而休乎天鈞，是之謂兩行。」

——〈齊物論〉

白話譯解：

把原本活潑無比的心靈活動，固執地聚焦在單一方向上，卻完全沒意識到其他可能的通達之道，這種頑固不化的心態，我們可以暫時把它叫作：腦裡只存放以眼前利潤為標準答案的猴子。舉個例來說，當養猴子的老先生一早宣布今天的菜單是：「早上三個，晚上四個。」猴兒們都氣壞了。這時養猴先生趕緊因順猴兒們的情緒，將菜單調整成：「好吧，早上四個，晚上三個。」猴兒們果然都開心了。其實猴兒們並未能領會「早三晚四」和「早四晚三」，就名相和實利都差別不大，只因猴兒們情緒性的喜怒偏執，卻已經把自己的思維綑綁在固定的單行道了。因此真正通達道路真諦的智者，是可以讓「早三晚四」和「早四晚三」這兩種「各自為是」的是非爭吵給和緩下來，讓不同角度的彼此雙方，能夠並存在圓轉不息的天鈞中，讓不同角度的是是非非，能夠「兩行」對話，和而不同地成為共同推動圓轉變化之道的力量。

「固將自化」，「化則無常」，世界本相在於無盡依待，「吾所待又有所待」的無窮變化，個人自以爲強固的追求意志，自以爲可得而藏之最愛寶貝，實皆不能自外於重重互攝的變化大流。遺忘變化萬端的大千世界，只固持在一端追求的人，早晚都得要體會「得此失彼」、「福兮禍倚」的詭譎。然者，可以不求嗎？可不積極嗎？其實一般所謂不求，大都也是一種求。只是追求之暫時失效，才沉溺於不再積極追求，如此也不能脫離先前所求的控制。換言之，追求的成功與失敗，求得與求不得，都可能以同一錢幣的兩面，繼續折騰我們的情意志。事屬無奈，因爲積極有爲正是「我」的基本意志狀態，它是存在的主體性必然現象，也是人生悲歡喜樂的推動力。捨不去也不可捨去，你只能更深地進入它的內核裡，體驗它、認識它。

但人終將來到「五十知天命」的體會（五十爲隱喻，有人終生不悟，有人早早領受），任何最大執著，依然渺小微脆。於是人開始了新領悟、新學習，接納超出我能控制，領受變化無常的未知。於是「人」向「天」依歸，展開「有爲與無爲之間」的弔詭旅程。於是生活始於積極，還是可終於積極，只是後面這種積極，已經是「爲無爲」的弔詭性積極了。何謂「弔詭性積極」？勉強說：在放下當中積極，在積極當中放下。這便是所謂「走在弔詭道路上」。

嘗試設問：假如弔詭道路只是意識到道之流遍，人心自化，這些變化自然自發，無法強求又出乎意料，爲何還要提出弔詭思想那種「非此非彼」的模糊概念？因爲既然達到「放鬆」（無爲）的途徑是「追求」（有爲），那豈不是單獨強調「積極追求」的正向概念就已足夠？何需那種曖昧不明的反諷與弔詭？

姑且回答：除了正向的「非反諷」思維，否定性的「反諷」思維，仍是必要關鍵。積極非積極是名眞積極，懶惰非懶惰是名眞懶惰。「非」，便是一種自我覺察與逆返的「反諷」思維，以便打開「有爲與無爲」的弔詭兩行之道路，避免掉入任何極端偏執。換言之，單靠「非反諷」的正向概念，難以自我防腐「一偏之見」的陷溺。而所謂「反諷」的否定思維，並非完全消除或去除「非反諷」的正向概念和作爲，反而在建立正向概念與作爲的基礎上，打開一種「在其中又不在其中」的轉向能力。

非懶可破懶，非求可破求。然非亦再非，故又可破「非懶」，亦可再破「非求」。雙向破除「有爲」之極端與「無爲」之極端，以便拉回「有爲而無爲，無爲而有爲」的弔詭兩行道路。因此這種否定性的自我反諷，絕非只是概念性遊戲，也不是外部對象性的簡單否定。它內在於每一當下的「自我反諷」、「自我逆轉」，以便將一往不返的直線單行道，再度帶向通往十方可能性的雙向道。換言之，非懶亦非求，才能即懶即求，是謂「兩行」。反諷的智慧並不只存在於起點與終點，而是內存每個積極行動的當下。每當我們積極追求而過度自我擴張、自我控制時，極端「勞神明爲一」而自虐自苦之處，便存在著自我反諷的逆轉收回力道。它讓我們在人生積極追求的當下，能敏銳意識到每條道路都充滿著「內在他者性」，道路可延伸出更多道路，以迎向十分豐富、無窮開闊的人生旅程。弔詭兩行，遊戲於可測可求與不可測不可求「之間」。這個「之間」的表達形式，便屬反諷形式。「之間」，不在左，不在右，亦不在中間。「非左，非右，非中間」即「可左，可右，可中間」。這種表述若非只是頭腦遊戲，口辭詭辯，那麼便要考驗你，如何在生活一切處看見它、覺察它、練習它。亦或者在生活一切處，被它遇見、被它幽默、被它反諷。

蜜蜂以採蜜播粉爲工作，和尚以念經法會爲工作，文學家以抒發情感爲工作，哲學家以雕刻理念爲工作，畫家以察顏觀色爲工作，心理學家以話語安慰爲工作，執行長（CEO）以考績計畫（KPI）爲工作，乞丐以裝扮可憐爲工作，小丑以愚己悅人爲工作，日月以照亮世界爲工作，黑夜以讓人安息爲工作。有人以煩惱爲工作，有人以擺脫煩惱爲工作。人生百態，無所不忙，無所不積極，無所不認眞，眞是奇妙的可愛世界，也是奇妙的反諷世界。而我所嚮往的工作呢？欣賞千姿百態的物化遷變，觀看哭笑不得的自我反諷，品味悲欣交集的弔詭兩行。如果這也能算是一種「工作與工作的自我反諷」的話！

六十六號公路，眞是一條充滿夢想的歷史道路。過去如是！現在如是！未來如是！有人勇於追夢，有人人生如夢。人人一生，百樣人生，難以比較，無法定一，條條道路通夢想，眼前惡夢亦美夢。因此，好夢壞夢，有夢無夢，都應該被祝福，自然也會被幽默。以上，是我對芝加哥藝術學院前方，這條六十放號公路美國夢的白日夢。

人人有夢，66 號公路美國夢

6. 繁華風城中的莊子教堂——上帝阿拉，相忘江湖

芝加哥今日春光，藍天垂九萬，白雲橫三千。我帶著一位來自德國的朋友，共遊芝加哥 Loop 環中市區，一一遊賞街頭大型公共藝術品。〈噴泉〉的臉譜（Crown Fountain），〈雲門〉的豆子（Cloud gate, The Bean），畢卡索的〈夢蝶夢牛〉（The Chicago Piccaso），米羅的〈道巫女偶〉（Sun, the Moon and One star）等。藍天高，白雲飄，暖陽四照，邊看公共藝術，邊聊芝加哥市建築，眞是身暢意舒，情性勃發。知、情、意，三者皆怡也。這位德國朋友巡看密西根大道上現代建築的最頂層，鑲嵌著古典式甚至宗教式塔頂的「古今交織」、「聖俗混雜」之怪誕風格，驚奇連連，屢屢稱奇。我問這位朋友：「難道此類建築不正是來自仿歐、崇歐的古風遺韻嗎？」他笑說：「這種建築在歐洲是見不到的，也是不可能的。不古不今、聖俗不分的混雜風格，古典派會認爲這是褻瀆神聖，而現代派則認爲這些華麗裝飾無用而不實。」換言之，只有美國這種年輕國家在某個年代裡，由於少了歷史包袱又對歐洲文明保有懷鄉崇仰之情，才會建造出這種不古不今，或者又古又今、混雜怪誕的美學風格。意在言外，這位朋友是頗爲欣賞這種古今不二、聖俗合一的接枝美學的。我想，大概因爲它類似於文化的生長邏輯，愈強調正統與單一，到頭來愈容易掉入同一性重複而自我疲乏。而這種混雜正是文化交織的生命力表現。

在賞玩畢卡索的〈夢蝶夢牛〉與米羅的〈道巫女偶〉後，我跟這位朋友說要帶他去一處遊客到不了的祕境。這祕境是我個人發現的私人景點，也是我在芝加哥市鬧區的安歇偷閒小聖地。除非非常在地之人帶領，否則域外遊客是到不了這藏身俗世的非凡靜室。針一落地，可聞其聲，古雅清幽，不染繁華。它小小教堂，隱身在大師藝術作品的角落邊，躲藏在商辦大樓的腳底下，你也看不到明顯的教堂商標名號。它就這樣，幾乎無名無姓地，自開自落地，安隱在它的歷史古韻時光中。（我不想將此地此名明確標出，擔心遊客知曉後一蜂窩「到此一遊」，破壞了我心中桃源聖地的靈光氣韻。此地只屬無心無意之素心人，偶發偶遇之漫遊者，樂得之。）

我悄悄推開了那商辦大樓的門，德國朋友相當不解地跟了進去。他一定正在懷疑，我怎麼可能走入這麼個市儈氣的商辦，況且入門後就有大樓人員在一邊坐鎮。我略微和守衛人員點頭微笑，復前行，眼前彷彿若有光。因循微光，我帶這位朋友再入一門……攤展在眼前的，便是我在芝加哥市區獨屬的「莊子教堂，道家靜室」。這個教堂，夏涼冬暖。夏天芝加哥經常高溫如臺灣，我在夏日漫遊芝加哥鬧市數小時後，時常會走到這清涼之地，避暑小歇。芝加哥的冬天又如冰窖，我在冬日寒風刺骨的芝加哥市漫遊時，自然也要來此溫暖境界取暖歇息。這個「大隱隱於市」的隱者型教堂，除了在地的芝加哥人，大概很難有訪客來到，而芝加哥人的上班時間，更是乏人問津而遺世獨立。因此這地方，幾乎成為了我私人的坐忘之地、心齋之室。常常半小時一小時間，唯我一人，心齋坐忘，無思無想，喪我其中。

沒錯，身邊環圍的，依然是耶穌身影與福音編碼，但它們都只是靜靜然，無言無語，各安其位。並沒有對我聒噪說教，只是敞開一個或清涼或溫暖的靜室，容我無思無想，無造無作地，喪去或內熱或孤冷的自我。那些宗教符號並沒有打擾到我，我也沒有起心動念去迎拒它們。對我心境而言，這個教堂只是空無了自身的虛靈靜室，足讓我「形如槁木、心若死灰」地過個半小時一小時。然後，我的身心便能自轉自化自更新。

南郭子綦隱几而坐，仰天而噓，荅焉似喪其耦。顏成子游侍立乎前，曰：「何居乎？形固可使如槁木，而心固可使如死灰乎？今之隱几者，非昔之隱机者也。」子綦曰：「偃，不亦善乎，而問之也！今者吾喪我，汝知之乎？女聞人籟而未聞地籟，女聞地籟而未聞天籟夫！」

——〈齊物論〉

白話譯解：

有一天，南郭子綦依著地上矮几端坐著，仰著頭對天呼了口長長的氣息，身心狀態好像解開對立的枷鎖似的。這時弟子顏成子游剛好陪侍在旁，驚奇地問老師：「先生今天是什麼樣的身心狀態？形體固然可以如如不動像槁木那樣，但意識也可以如如不動像死灰那樣嗎？老師今日的隱几端坐（坐忘）狀態，好像和往常不太一樣？」子綦回答說：「子游，你問到關鍵性的好問題了！我今天徹底體會到身心『喪失固我』的狀態。啊，你或許曾經聽聞人籟和地籟的樂音，但你從未體味過萬籟交響的天籟樂音之真正內涵啊！」

今日，一如往昔，也帶這位德國朋友到我莊子教堂，心齋坐忘了半小時，讓他一同經歷「天地無言，萬物自化」的大美經驗。我猶如南郭子綦「隱几而坐」，「槁木死灰」了半小時，隨後端起身子來，輕聲細語向朋友說：「很多人雖聽過教堂、佛寺、廟宇的宗教福音，但少有人聽聞莊子教堂、道家靜室的天籟福音。」朋友點頭，心領神會。

其實，我經常以莊子心齋坐忘的心情，登堂入室於或基督、或天主、或清眞、或佛寺、或禪堂等不同宗教空間，於我皆能隨遇安樂。只要上帝不怒、阿拉不語、聖母不哭、菩薩不悲、禪師不喝、彌陀不念，各個聖殿山頭能將暫時性的教義隱喻給安靜放下，只要簡簡單單地敞開一方納受萬有的林中空地，那麼我便能坐忘其中，「聽之以氣」、「虛而待物」地自轉自化自更新。這半小時無做無爲的虛而待物，我不否認也許這是上帝、阿拉、聖母、釋迦、彌陀，以空卻自身的返璞歸眞方式，無爲而無不爲地淨化了我。但亦可反過來說，我以莊子心齋坐忘的環中空地，淡泊了宗教世界吵鬧不休的「是非物論」。抖落了上帝與阿拉的「儒墨是非」，在此，上帝不必「自我正義」，阿拉不必「唯一眞主」，聖母不必「哭哭啼啼」，菩薩不必「慈眉善目」、濟公不必「裝瘋賣傻」。大家不必各顯神通地自是非他、爭相丰采，更無須「以是其所非而非其所是」而爭的面紅耳赤，殺氣騰騰。

「欲是其所非而非其所是，則莫若以明。物無非彼，物無非是。自彼則不見，自知則知之。故曰彼出於是，是亦因彼。彼是方生之說也。……是以聖人不由，而照之於天，亦因是也。……果且有彼是乎哉？果且無彼是乎哉？彼是莫得其偶，謂之道樞。樞始得其環中，以應無窮。是亦一無窮，非亦一無窮也。故曰莫若以明。」

——〈齊物論〉

白話譯解：

與其用肯定對方所否定的觀點，來反對對方所肯定的觀點，不如去明察觀點是非的「彼/是」相對偶結構。我們對事物的知見，必然會發現相對立場的「彼（非）」，也必然可找到自身立場脈絡的「此（是）」。問題是，「彼」方經常看不見「此」方，「此」方經常看不見「彼」方。這是因為自己的認識與主張，總是透過自身觀點的脈絡來確知。深入來說，「彼觀點」正對照於「此觀點」才能突顯出來，「此觀點」也是在「彼觀點」的對照下而被突顯。這便是所謂「彼」與「此」看似兩相對立卻又相依而生的道理。……因此睿智的人不必掉入是非決鬥的死決圈套，應該轉而從超然的態度來觀照，也就是用「因循」的方式來回應。……果真有「彼」與「是」的絕對差別？或者「彼」與「是」的差別並非那麼絕對？為了讓「彼」、「是」雙方不再只有死決對立，可以運用「道樞」的智慧來轉化。這個轉化的樞紐，正因為它位在圓環的虛空中心，因此它能無盡回應而且轉化四方對立。「是」的脈絡也是可無窮轉化的，「非」的脈絡也是可無窮轉化的。與其追逐是非的決一死戰，不如深思明察觀點背後的合宜脈絡，以及是非的相偶相生結構。

各種宗教領袖的眞宰眞君們，何妨各自安靜一下，讓自己謙柔些，更無爲些。只要讓自己敞開出歡迎十方眾生的清涼之地，納受一切的溫暖之境。那麼不管什麼身分的人們，信神不信神，眞主不眞主，念佛不念佛，坐禪不坐禪，一切十方有形無形眾生，盡皆歡迎來這一方靜室，自己清淨無爲地呆坐一會。以能發揮「善者吾善之，不善者吾亦善之。信者吾信之，不信者吾亦信之」的「無棄」力量。換言之，莊子教堂、道家靜室的天籟福音在於，無一人「外於道」，無一物「棄於道」。「道」無所不在，可教堂，可清眞，可禪室。當然也可在畢卡索的〈夢蝶夢牛〉，米羅的〈道巫女偶〉。更可在地鐵車上那殘破身影的黑人臉龐眸子裡，路旁小徑花紅柳綠的端倪生意上。

和朋友誇誇其言，談玄說道，又是半小時。自覺羞愧於「知者不言，言者不知」的自我反諷。是該起身離開莊子教堂的時候了，領著朋友走出我的芝加哥山洞桃花源。外面陽光依然清亮如昔，藍天依然無爲，白雲依然無意。突然間，我那德國朋友仰天一望，頓然發現那商辦大樓的三、四十層高的頂層，正是覆蓋著古典宗教式的塔頂建築。他大呼一聲：「又是古今混雜、聖俗不二的怪諷風格之建築！」我響應回答：「是的，我的莊子教堂，就隱身在攖亂成寧的混雜世界中啊！」

米羅的〈道巫女偶〉

耶穌的十字打開

耶穌與米羅的遇合

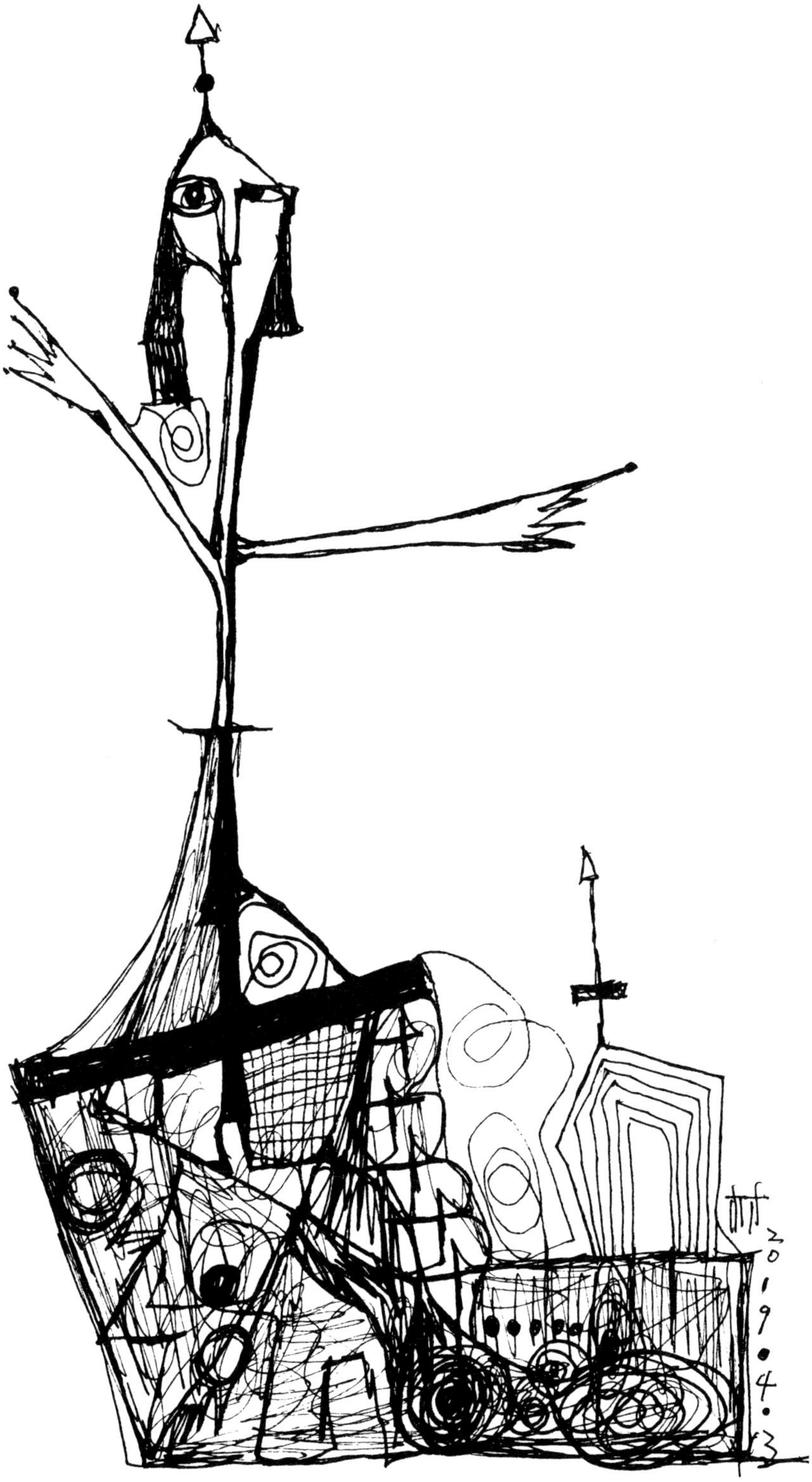

耶穌殉道，萬物芻狗

7. 向存在極限致敬——密西根湖，天人相遊

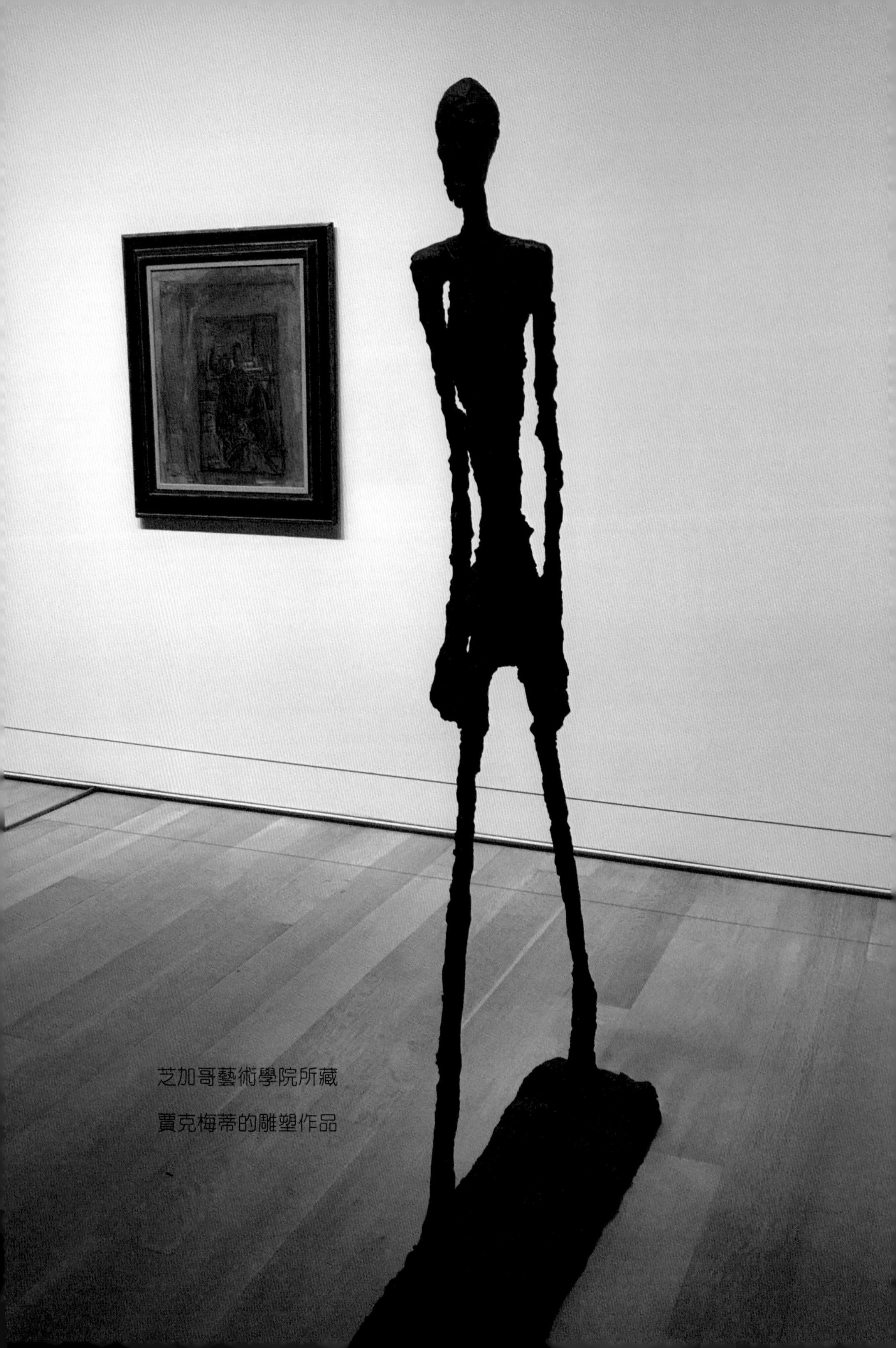

芝加哥藝術學院所藏
賈克梅蒂的雕塑作品

芝加哥藝術學院（The Art Institute of Chicago）有瑞士藝術家賈克梅蒂（Alberto Giacometti）的幾尊人像雕塑作品，枯槁淘空、瘦骨嶙峋的凋零形體，象徵著二戰後，人的孤獨、虛無、疏離的存在癥狀。賈克梅蒂的這些作品，經常被拿來和法國存在主義哲學家沙特（Jean-Paul Sartre）對存在的虛無、嘔吐、荒謬、自由等哲學探討相互呼應。只是前者以藝術意象來表現，後者以哲學概念來探討。但兩者都一樣透露出強烈的自我孤寂和人與人之間的疏離。例如沙特有所謂「他人是我的地獄」等激進說法。在二戰後的那個年代裡，個人、個體、個我的「個」與「我」，都產生了問題。個體內部的自我深處被淘空成大黑洞，而人我之間的人際關係也產生大斷裂。於是「存在」的基本狀態，成爲了存在的大焦慮與大困惑。如何才能解開這「內疏離於自己」、「外疏遠於他人」，這內外兩頭空的大虛無？

芝加哥大學就位在密西根湖畔旁，從五十五街到六〇街之間，只要往東走個五到十分鐘，每條往東之路，都會來到密西根湖畔，可謂是條條道路通湖畔。然後你立刻就會被這猶如大海般的湖畔——開闊視野、開闊胸襟、開闊存在、開闊人生。這眞是天地浩瀚、湖面遼闊的密西根湖，給芝加哥大學師生與市民，最好的恩賜禮物。我就住在五十五街，經常往東走個五分鐘，來到這釋放存在、開闊心緒的密西根湖畔。這也是我在芝加哥大學這一年最常來的地方，它就像我的後花園。身體呆滯時、心情煩悶時、靈性乾枯時，只要來到湖畔邊靜坐眺遠，那大海般的遼闊與清風，那藍天白雲的萬里無際，那海平面與地平線

密西根湖的天清地寧

密西根湖的天人相遊

的無限延伸，三、五分鐘以內，就足以將你身體內部的緊張，心內深處的積鬱，給釋放的身軟如綿，心涼如水。奇怪，天地不言，湖海無爲，但只要人們詩意棲居其間，整個存在就會自自然然被轉化，然後許多糾纏人心的意念，會像一縷輕煙般，飄然遠去，無影無蹤。對我而言，密西根湖畔的天地與自然，具有一種無爲而無不爲的空間力量，它是天地賜予芝加哥人免費的靈丹妙藥。

沿著五十五街的湖畔往北邊向市區，一路沿湖行走，你可以從湖面眺望芝加哥城市景觀的最美天際線。走過了五十三街附近的湖畔復前行，大概十分鐘，你會看到一個神似賈克梅蒂的巨人塑像作品，頂天立地站在湖畔邊，抬著頭、頂著天、望著海。這個巨人似乎顯示了——既巨大又渺小，既孤獨又幸福，既困惑又領悟——的存在躍動狀態。我認爲這個公共雕塑作品，一者是在向賈克梅蒂的作品致敬，一者又是和賈克梅蒂的作品對話。要致敬的是，賈克梅蒂所雕塑的人，是一種向內部挖掘的存在極限，很少人能這麼徹底地挖掘自我以至孤絕之境。要對話的是，這個湖畔巨人作品，似乎已從芝加哥市民人群中走到了浩瀚如海的湖畔邊，它已逃出芝加哥藝術學院展覽廳，一路行走到海天遼闊處。於是，我們看到了密西根湖畔的巨人塑像，身心不再那麼乾枯、緊繃、孤絕、疏離了。他頂天立地站在天地之間，海風拂面，空氣清新……他似乎頓然有悟，自己在天地滄海面前，原來渺小如一粟。他仰望著藍天湖海的遠方，胸中那股鬱積多年的存在壓抑，一口釋出，隨之無影無蹤而飄散在湖面天際，不增也不減。我這樣的描述在於強調密西根湖畔的巨人塑

問天？望天？人一生，早晚
都要遭遇命有限！天無窮！

像，已從賈克梅蒂對「人」的主體性之極限挖掘，轉換情境，將「人」放回天地之間自然之中，來轉化存在。

用《莊子》的概念來說，思考「人」的存在問題，不能將人給孤立起來單獨思考，必須同時思考「天人之際」、「人我之際」的交互關係性。前者乃是將人放回「天地與我並生，萬物與我為一」的自然空間中，後者是將人放回「君臣父子，無所逃於天地間」的人倫空間中。換言之，沒有獨立的個體先存在，存在總是存在於或大（如天地自然脈絡）或小（如親情友誼脈絡）的情境脈絡裡。而這個密西根湖畔的巨人雕塑，正是從賈克梅蒂作品那種孤獨的自我空間、內在空間，給重新放回「在世存有」（Being-in-the-world）的境遇中，重新打開人與天地，人與他人，內在與外在的溝通空間。對於《莊子》而言：

「眇乎小哉，所以屬於人也！謷乎大哉，獨成其天！」「知天之所為，知人之所為者，至矣。……庸詎知吾所謂天之非人乎？所謂人之非天乎？……其一與天為徒，其不一與人為徒，天與人不相勝也，是之謂眞人。」

——前〈德充符〉，後〈大宗師〉

白話譯解：

「人所以渺小局限，是因為他將自己困住在自我主體當中。人所以浩大開闊起來，是因為他能頂天立地向宇宙敞開。」「能同時領會──何謂天的層面的所做所為，何謂人的層面的所做所為──才是通達的智慧。……其實，我們又哪裡知道：所謂的天，不正滲透在人間的每一角落？所謂的人，不正是敞開而迎向著天？……當我們強調物我無分而為一時，我們只是暫時著重在天的向度來說話。而當我們強調物我殊異而有別時，我們只是暫時著重在人的向度來立言。但只有能通達天人兩行的往來交涉，而且不遺忘、不偏執任何一端者，才是真正通達的真人。」

人一旦將自己孤立起來，那麼再怎麼思考與挖掘人的存在意義，都難以避免掉入主體性的虛無或膨脹之困境。只有讓人回到天地之中、人我之間的相互通達，人才眞能「知天」、「立命」，從此通達「既小又大」、「既內又外」的天人之際與人我之情。

妙哉，賈克梅蒂那孤寂、孤獨、孤絕之現代人，其對存在極限的追索與探尋，終究要在人的內在深處發現自然之天的存在。這個內在自然之天的呼喚，正是召喚他一路走向密西根湖畔的內在聲音。於是，巨人的呼吸與天地同流，他從「與人爲徒」走向「與天爲徒」，重新使自己通達於「知天」又「知人」的兩行關係。所以每當我沿著密西根湖畔走到巨人頂天立地之處，總要向賈克梅蒂致敬，因爲當他將人的存在極限推到那樣孤絕境地

賴棟材水墨畫：山高水長，自然無盡

時，這一孤絕之境終將引入「行到水窮處」的大極限，並由此打破極限而領悟「坐看雲起時」的大開闊。也因爲先有了賈克梅蒂的孤絕存在者，才會有那仰望湖海的知天安命者。對於這個頂天立地的湖邊巨人作品，我打算將它命名爲「密西根湖畔望天人」，以對照於賈克梅蒂的「走向一人之境的孤絕者」。

最後我嘗試揣摩〈密西根湖畔望天人〉的心情，當他來到湖海邊，才頓然一悟：原來我並非孤零零被拋擲在世間，我既不孤獨白活，也不孤絕死去。活著的時候，「天地與我並生，萬物與我爲一」。死去的時候：「我的手臂將化爲螳螂蟲臉！鼻子將化爲玉山綿延！肚子將化爲密西根大湖！神魂將化爲妙看世界的波斯貓眼！」

（我上述對巨人心情的文字描述，轉化自我的莊友 Brook Ziporyn 教授給我信的其中片段，附如下以誌友誼：“From now on I will call my belly Lake Michigan! Perhaps after I die, my arm will be a bug’s face, my nose a mountain range, my spirit a cat’s eye, and my belly a Great Lake...”）

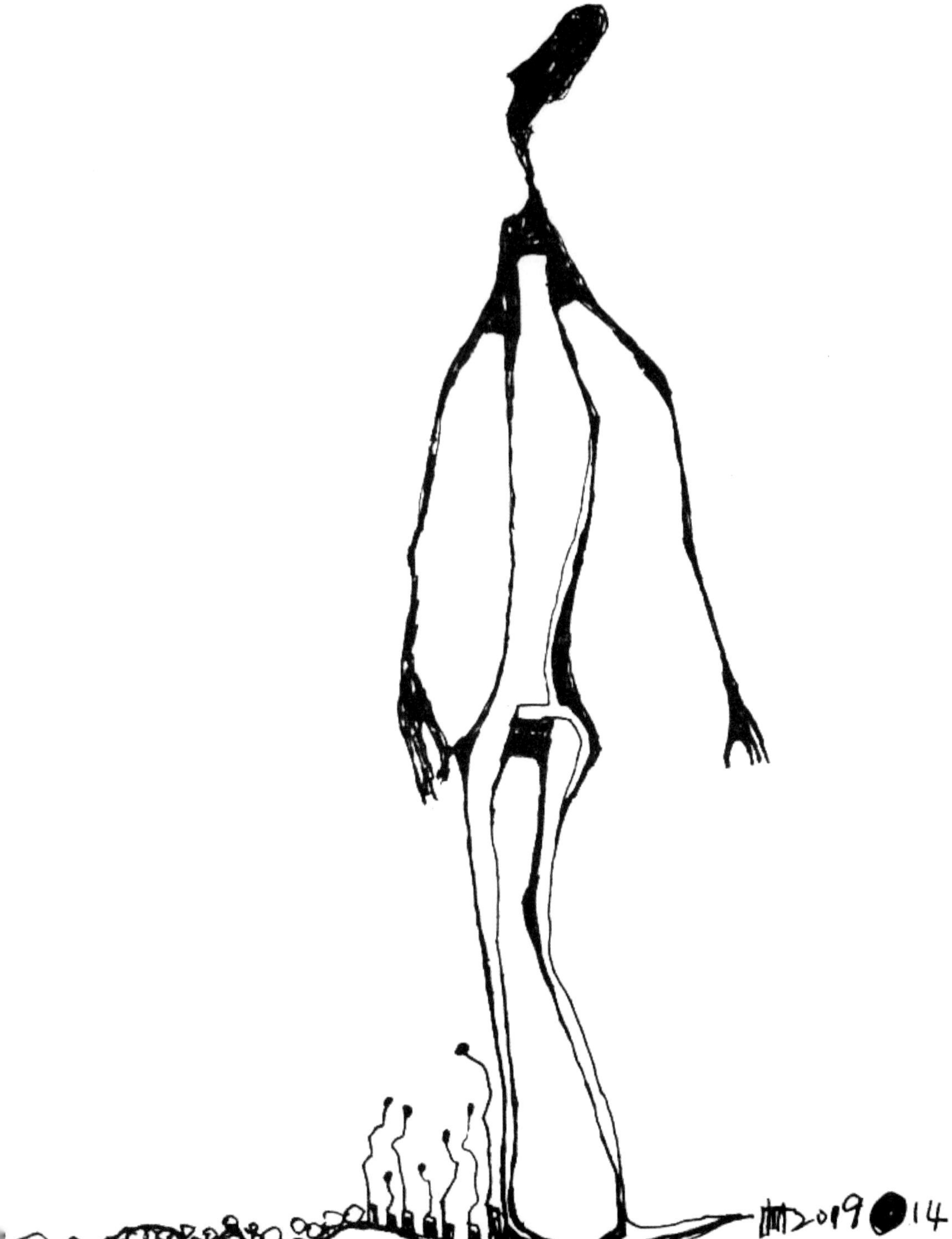

密西根湖畔望天人

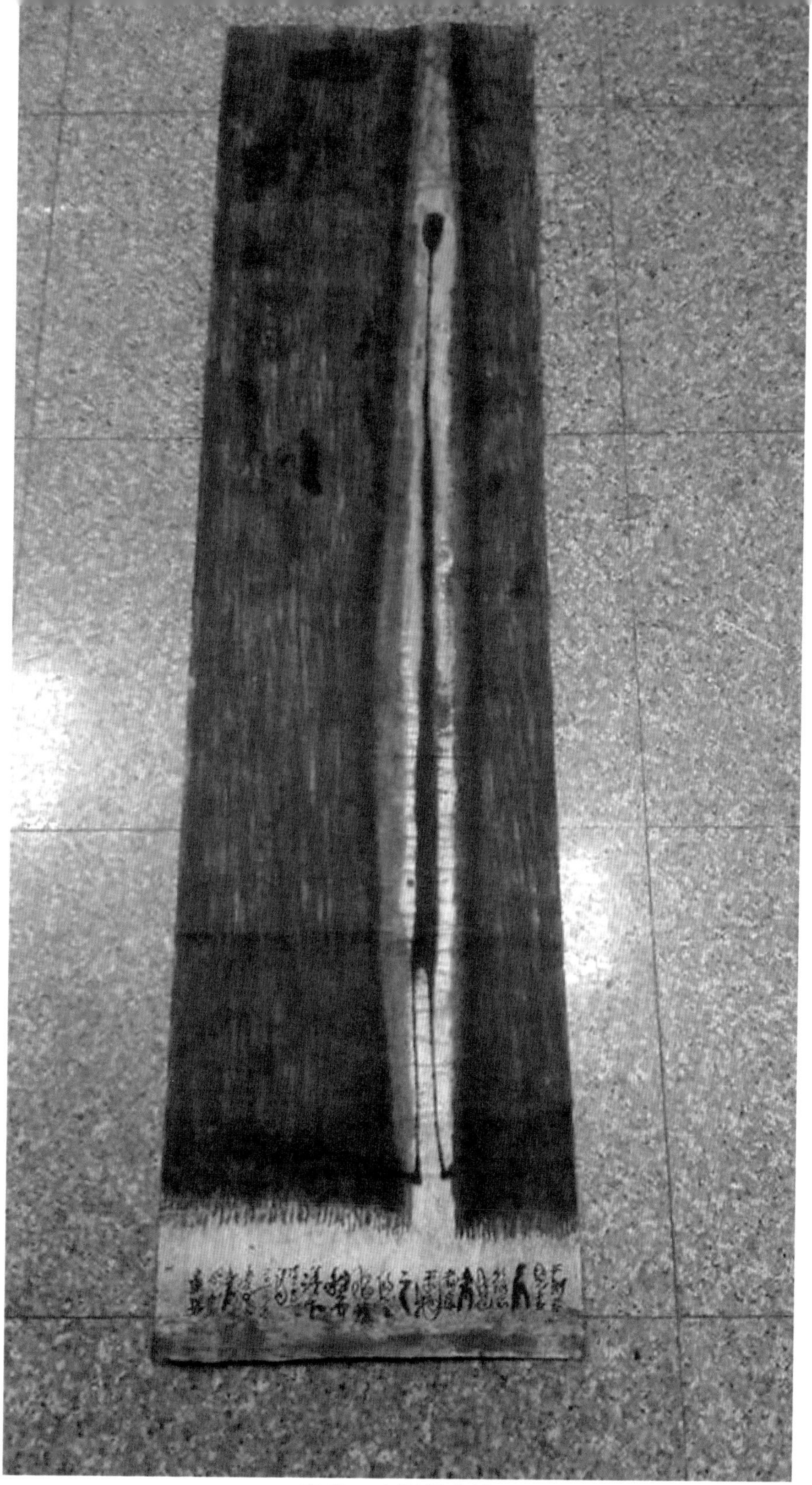

走向一人孤絕之境

8. 探戈舞步留影——罔兩隨影，人生有伴

罔兩問景曰：「曩子行，今子止；曩子坐，今子起，何其無特操與？」景曰：「吾有待而然者邪？吾所待又有所待而然者邪？吾待蛇蚹蜩翼邪？惡識所以然？惡識所以不然？」

——〈齊物論〉

白話譯解：

影子的影子（罔兩）問影子說：「你剛剛才走來走去，現在又突然停了下來，你才剛剛坐下，現在又突然站了起來。你怎麼好像沒有自我主宰的中心存在啊？」影子回答：「我的存在不正是依待在種種的條件之上嗎？而我所依待的那些存在條件，不也輾轉依待在更多的存在條件嗎？因此說到底，我們的存在不都像是依附在蛻化的蛇皮上，薄薄的蟬翼上，那般微脆而將隨時委蛇變化下去嗎？哎，不知我們是否真能了解這相依而化的道理？還是終究無法摸清事物相依而化的究竟？」

以上是《莊子．齊物論》的倒數第二段，也是極富盛名的「莊周夢蝶」的前一段。〈齊物論〉這篇同時充滿邏輯與詩意的大文章，就結束在「罔兩問景」與「莊周夢蝶」，這兩個小小故事上。故事雖小，寓意無窮，意味深遠，這便是《莊子》的獨特魅力。「莊周夢蝶」的寓意，古今中外的解人已經很多，「罔兩問景」的解人相對較少。我帶著莊魂遠遊芝加哥，不免時常在北方陽光極強、天空極藍的情境下，撞見富含詩意的影子美學，總是讓我不斷想起《莊子》這段「影子的影子」（罔兩）和「影子」（景）的對話。

莊子大概也偶爾驚見影子，觀賞影子，既深思影子也透過影子來深思。不只隱含了影子美學，甚至含藏著影子哲學。影子看似虛而不實，實有厚度和深意存焉。能觀照、納受、欣賞影子，世界才能完整其層次。沒有了影子，世界也將反轉成虛幻。如是我聽！影子，有話要說。

我們一定都有孤獨一人的時候，但再怎孤獨寂寞，至少也還有影子相陪吧！所謂「形單影隻」，便是指我（一人）與我的影子（另一人）相作伴，正所謂「形影相伴」。如此是否可說，我並不完全寂寞，我雖孤獨，但不寂寞，因爲我可以嘗試和我的影子對話。《莊子》甚至說，影子還可再和影子的影子對話。善觀影子者，總是可以在看似「立於獨」的當下，內在地找到「一中有二」的「一而二，二而一」的存在現象。這又是什麼奇怪的想法？有什麼道理存在其中？容許我和我的影子，慢慢對話說來。

我們先來想像一個完全沒有影子存在的世界。如果影子是全然虛妄或不曾存在，那麼所謂追求存在的眞實，或眞實的存在追求，必然要指向一個沒有影子的形上世界。因爲惟有徹底無形，才能徹底無影。而一個純粹形而上的世界，才能斷絕形與影的形下糾纏。古人曾有「地中無影」、「日中無影」、「仙人無影」等奇妙說法。這是說，當我們能眞正站在太陽的正下方時，就沒有了影子，影子就會消逝而去。所以古人在建築聖地、宮廟、王城時，總會想要設法找出世界之中、大地之中，因為那裡正好對應著天宮之中（也是太陽之中，星辰之中）。傳說只有找到大地之中央，才能建築「溝通天地，交通神我」的宇宙中心軸。一言以蔽之，「地中」對應「日中」，乃是純然光明之境地，了無陰影之存在。那麼我們也就可以理解，超越人性、長生不死的仙人為何「無影」了？因為仙之為仙，就在於他能超克存在的任何陰影，讓自己變成後來內丹修煉家所謂的「純陽」狀態。內丹修煉家呂純陽，張紫陽，王重陽，無一不渴望「純之愈純」、「陽之又陽」的純陽無陰狀態。由此看來，陰影總是被視為虛妄的、不實的、負面的、恐怖的、障礙的。它和光明正好二元相對，代表著價值的反面。白道和黑道的死決對立，光明和陰暗的誓不兩立。正如電影《星際大戰》中的「天行者」和「黑武士」，總是在進行正義與不義的兩端死決。這樣一來，並不存在著我和影子「兩行」對話空間，只存在「正義的光明我」如何消除「罪惡的影子我」的「單向」征伐活動。

影子不只是陽光斜照下的影子，某個意義上說，影子遍布在人生每一角落。身體一活動，就會出現形影相隨，心靈一活動，也會壓抑能量而向內皺摺，累積陰影人格。個人和人類的歷史活動，時常也會留下記憶創傷，歷史疤痕。不管身體的「外影子」或者心理的「內影子」，在上述修辭模型底下，身外陰影和心內陰影都是有待消除、淨化、遺忘的對象。陰影彷彿就像魔鬼代言人一樣，任何負面的、誘惑的、墮落的、鬼魅的成分，都被推給象徵黑暗之子的陰影。影子成為了不見天日的黑鬼，它是障礙我們人性光輝、良知天理的罪惡種子。

然而「日中無影」、「地中無影」、「仙人無影」、「純陽無陰」的純粹光明世界，是否眞存在？如果回到經驗世界來觀察與描述「現象自身」，那麼沒有影子的純粹光明，是否就像無細菌、無病毒的無塵世界那樣，了不可得？一旦我們將那些與我們共在的菌塵抽掉，記憶拿掉，那麼我們的身體是否會更健康？人格能否更健全？答案或許可譬喻而說：如果我們將大地上渾雜萬物屍身的污黑軟泥給去除或淨化，那麼還會有百花盛開與豐饒盛產嗎？排除了影子的系列存在，剩下的反而是永恆的死寂，而不再是生命的豐饒。換言之，一味去除影子而想追求純白烏托邦的結果，會導致自身的反諷，並倒轉爲反烏托邦。極端想要消除虛妄的影子，結果會導致世界的自我虛妄化。因此，我們必須重新向《莊子》的影子寓言扣問，重新學習和影子對話，甚至和影子的影子來多重對話。《老子》有言「知白守黑」、「和光同塵」，黑與白的兩行，光與塵的對話，才是全然肯定人生的兩行智慧。老子和莊子建議我們，應將影子從背景帶到前臺來，從地下室帶到客廳來，從邊緣角落帶到舞臺中心來。以便能進行我和我的影子的探戈舞步，一人不可能獨立完成探戈的美妙舞蹈，只有兩人一起韻律合舞，一前一後，一左一右，一進一退，一來一去，一陰一陽，才能共同完成這圓轉不息的舞蹈之道。自我舞蹈如是、歷史舞蹈如是、宇宙舞蹈亦如是：

「至陰肅肅，至陽赫赫。肅肅出乎天，赫赫發乎地。兩者交通成和而物生焉，或為之紀而莫見其形。消息滿虛，一晦一明，日改月化，日有所為而莫見其功。生有所乎萌，死有所乎歸，始終相反乎無端，而莫知乎其所窮。」

——〈田子方〉

白話譯解：

至陰的力量極為凝肅，至陽的力量極為暢發。然而至陰的凝肅力量卻不離開於天，至陽的暢發力量也不離開於地。這種「天中有陰，地中有陽」的力量交通，能夠促成萬事萬物的繁榮興盛，雖然它們無形無相而難被綱紀。即消即息，或滿或虛，一晦一明，種種「相反又相成」的力量交織，促成了日改月化的生生不息。它們無時無刻不在作用著，卻從未自居其功。出生就像芽苗萌發般自然，死亡也像落葉歸根般自然。宇宙萬有的一切，都是始與終的相互回返，從而能夠無始無終地進行無窮轉化的歷程。

因此我們可以重新描述人生豐富的探戈圖像：沒有曾經的錯誤，不會有如今的成功。沒有遍體鱗傷的痛楚，不會有刻骨銘心的愛情。沒有扎入淤泥最深處，不會有白蓮花搖曳的芬芳。沒有歷經爬山涉水的迷途，也就沒有歷劫歸來的英雄。所以陰影人格是我們擁抱人生的孿生雙胞胎，沒有他就沒有我，沒有我也不會有你。形隨身走，形影相隨，它們共同構成了我們百感交集的摯愛人生。痛苦與快樂、失敗與成功、白天與黑夜、春夏與秋冬，就像我和我的影子圓舞同在。這才是完整、眞實、有力、體諒、包容、豐產的人生之道。

影子啊影子！你的美麗，怎能不令人佇足，令人徘徊，令人激賞呢！每當我走在芝加哥那北方大太陽的風和日麗下，總會看到我的影子相舞作伴，形影不離。這便是我與我的影子，兩人正在隨興呢喃對話，一同舞動永不止息的探戈之道。

（後記：賴棟材畫了〈逃離影子？共命影子？〉一作品後，由衷感嘆回應：「其實我畫的都是影子，看過現實形象，留在腦海裡，經過大潮沖刷後，留在靈魂內處的湧動，許久後吐納而出。所以我的畫，坦白講都是影子。幼時童年的影子、兄弟姊妹的影子、爸媽的影子、阿公的影子、戀愛悲歡離合的影子，還有貪瞋痴的影子。」）

芝加哥大學夏日留影

芝加哥大學冬雪留影

噴泉雕像與雕像影子

逃離影子？共命影子？

9. 萬聖節見鬼非鬼——鬼神來舍，何況人乎

十月三十一日是西洋所謂「萬聖節」（Halloween），它和十一月最後一星期的「感恩節」（Thanksgiving Day），及十二月二十五日的「聖誕節」（Christmas Day），並稱西洋年三大節。怪異的是，此節雖名「萬聖」，實際場景卻到處「鬼魅」。據考，Halloween 來自 Hallow（聖者，聖徒）和 Eve（夜晚），因此在歷史淵源上，可能意指天主教十一月一日「諸聖節」（All Saints Day）的前夕。但美好聖潔的「諸聖節」前夜，爲何又會和鬼影幢幢連上關係？也是令人費解。另有一說，十一月二日是天主教追思亡靈的「萬靈節」（All Souls Day），或許就是在這種「諸聖者」與「諸亡靈」的前後歷史脈絡中，因緣際合地生出 Halloween 這種既神又鬼的怪節日。還另有一說是，傳統愛爾蘭人的文化氛圍，認爲十月底的最後之夜，乃是人界和鬼界「際之不際」的模糊交接處，彼時諸鬼會鬼出鬼沒在人界邊際，因此人們當天奇裝異服以避鬼趨鬼。我非歷史學家，對節日的歷史考癖無好。我也不再童稚，對「Treat or Trick」（不給糖，就搗蛋）的童玩沒有興味。我的好奇在於，觀察感受此節慶在文化上的儀式氛圍。

於是我和夫人在萬聖節跑到了芝加哥市西北近郊的 Wicker Park（威克公園區），據說這區在二戰後來了很多東歐移民，附近巷弄有早期啤酒製造商的豪宅區。這一區的諸多巷弄，就在 Halloween 的前後日子裡，眞的名副其實地變成了鬼城。毫無誇張修辭，多條長長的大街小巷，室內室外，高屋頂與地下室，出現了各式各樣髑髏、死神、吸血鬼、南瓜鬼、鬼新娘、斷頭鬼、吊死鬼、詭邪貓眼、蛛網廢墟、幽靈牌位、器官零碎、血肉橫飛，以及各式動物髑髏……應有盡有，不應有的也有。萬鬼，有時跑到街上，有時吊在樹頭，有時藏身地下室，有時攀上高屋臺，有時在屋內廳客俯視你，有時在門縫窺看你，有時在戶外草皮上開起萬鬼大會，有時陰陰藏身在意料不到處……加上時而傳來恐怖音樂、鬼怪惡笑、諸魔咒語，十足陰森森，萬般鬼幢幢，眞是令人訝異，大開眼界。這些有閒有錢的市民，花這麼大心思、精神、財力，把自己的美麗庭院、幸福家園搞的這般恐怖眞實又眞實恐怖。他們眞的虛構了一個鬼域，而我們只是白日來遊，假使深夜來遊，只怕虛實難分，眞要見鬼了。

我和研究儀式的夫人來此一遊，一方面大開眼界，一方面樂不可支。心想，這個以鬼代聖的「萬聖節」（Halloween），儀式性實在極強，尤其將宗教氛圍徹底轉成了遊戲氛圍，恐怕它已成大人小孩同樂的狂歡儀式了。這樣的精心布置，必得要全家總動員，精心策劃好幾星期，才有辦法做到宏觀、微觀皆陰森交織的鬼域氛圍。難以想像，幾個星期以來，全家、全街、全鎮之人，都在鬼話連篇地集體謀劃大鬼事！這件嚇人嚇己的大樂事！我和夫人遊玩了大街小巷一整個下午（可惜時間未能待到晚上），並將各種鬼模鬼樣收攏到我的相機裡來。我就像道士（有道之士）收服諸妖惡鬼那樣，我一邊看鬼、一邊收鬼，一邊玩鬼、一邊渡鬼，眞可謂不亦樂乎！回到住處，興奮之餘不忍獨享，將這些有趣的鬼模鬼樣，一一分享給芝加哥及臺灣的親朋好友學生們。沒想到，能納受吾之美意布施者，不到十之三，多數親朋好友都驚異不已，不忍卒看，少者幾人以異文化奇觀視之而已。未得知

芝加哥威克公園的萬聖諸鬼

己，解吾心樂，於是只能以底下荒唐之言、不莊之語，自解自嘲「正觀無懼，慈悲無鬼」。

這些西洋鬼雖看似造作的怪模怪樣，怪噁心，怪可怕（且先不論西洋鬼可怕還是東洋鬼可怕），於我而言，東洋西洋鬼子都一樣，都只是人心的外顯投射。諸鬼相貌雖看似可怕，但定心一想，卻也有它們的可憐處，甚至可愛處。反過來說，有時我覺得諸鬼比諸聖諸神，都還要更親人近人。如何這樣說話？因爲鬼者，實乃人之強烈情性所凝聚變現，尤其當一個人熱愛某事某物到了情深入迷而偏執者，便具有了「鬼迷」、「鬼魅」的入鬼特質，正所謂「鬼迷心竅」是也。因此我們愛形容某些人，或自己某時刻某狀態爲餓鬼、懶鬼、酒鬼、小氣鬼、貪心鬼、好色鬼、小魔鬼、搗蛋鬼、頑皮鬼……。推而廣之，我們還可玩笑地形容某些人是愛情鬼、藝術鬼、學問鬼、宗教鬼等。凡事入迷成痴便有鬼，咬住不放便成鬼。如是我觀，鬼雖可怕，其實有動人處、堪憐處、可愛處。甚至我們自己在人生許多時刻，恐怕也是可憐身是鬼中人。擺脫不了——愛之、戀之、求之、貪之——那些緊緊放不了，鬼迷入心竅的上癮三昧時刻。由此說來，你我恐怕偶爾也是那可怕、可憐、可愛的諸鬼眞身了。

所以我們有時看東方那些人鬼相戀電影（如昔日王祖賢與張國榮主演的《倩女幽魂》），那女鬼的深情厚意，至眞至性，還演的眞是比人間世多少男男女女的虛情假意，更動人心弦呢！尤其至情至性所化成的可歌可泣之鬼，實在比當前那些科技產物，麻木不仁的殭屍喪屍，還要可愛千萬倍了。思之思之，鬼未必眞可怕，鬼未必眞遙遠！佛教戲曲

鬼師賴神，俱在吾心

也有《目蓮救母》之劇碼，目蓮高僧救的正是墮入地獄餓鬼道的母親。照佛教說法，諸鬼惡趣中，也可能正有我們的親朋好友們，甚至是過去、現在、未來的自己啊！又根據《法華經》的微妙善義來發揮，萬鬼眾生亦將必成當來佛。如此一來，萬鬼也不在道外，他們仍有不可思議的修煉旅程正在進行中，如此亦可敬也。

類似道理，諸聖節與萬聖節的「諸聖」與「萬聖」，也是由人做成。那些神聖臉龐，也是人心外顯投射之徵象。我，一專注、一清心、一平淡、一慈柔，「神便來舍」，我便換上了一張聖臉。如果神可來舍，同樣，鬼亦可來舍。所謂我之人生，便是存在於「神鬼之間」的旅程。如此，「我」同時可以「是人是鬼是神」，「我」同時可以「可愛可怕可敬」，這便是人性的曖昧與豐富。神鬼戰士，神魔交侵，這些修辭便都是在描述那弔詭兩行的人生曖昧時刻。而人生艱難與豐富的戲劇張力性，便呈現在人性兩難的抉擇交際處。

靜心想想，你我都有魔鬼上身過，也有神來一筆時。專心閱讀，平和待人，慈悲看世的那張臉，便是神明安坐。擔心恐懼、痴心不放、貪心多求、妄心自大，也正是鬼迷心竅的臉。所以我們除了敬愛諸神，亦宜慈憫諸鬼，因爲「神——人——鬼」，一氣化三，三位一體。它們都是我們人生旅程道路上，必然會遭遇的自己，早晚要面臨的境界。

宜將巫術的鬼魅幽懼心理，轉化爲文化美學儀式，讓人心的幽暗力量，臺面化、臺前化、覺察化、美學化。宜將文化與個人的成心偏見，給坐忘心齋一番，如坐忘所謂：「忘仁義忘禮樂，墮肢體黜聰明」，如心齋將「聽之以耳，聽之以心」轉化爲「聽之以氣，聽之以虛」。這樣才能將文化與社會的各種前見偏見，打掃一番，自我祓除。自省自覺，敞開空間，如此方能體悟《莊子》所謂：「瞻彼闋者，虛室生白，吉祥止止……鬼神將來舍，何況人乎！」將自己預先存放的形象與價值，擱置一下或搬移出去，讓自己的眼與心保持看入事物深處的間隙能力，以便打開「虛而能納」的透亮空間。不管諸鬼也好，萬聖也好，人間眾生相也好，他們都將在我們的人心人性深處，獲得理解諒解，而能「來舍」安棲。這便是《莊子》平等善待鬼神、人我的「虛室」胸懷，以及所能帶來的漫遊之豐饒與樂趣。

奇哉，威克公園把萬聖節變成了萬鬼節，把整個城鎮，各自家園，變成萬鬼可以安身立命之處。文化哉！至樂哉！慈悲哉！狂歡哉！鬼節萬聖，同登彼岸。善哉，吾遊威克公園一下午，亦得養生焉。

回曰：「敢問心齋。」仲尼曰：「若一志，無聽之以耳而聽之以心，無聽之以心而聽之以氣！聽止於耳，心止於符。氣也者，虛而待物者也。唯道集虛。虛者，心齋也。」顏回曰：「回之未始得使，實自回也；得使之也，未始有回也；可謂虛乎？」夫子曰：「盡矣。……瞻彼闋者，虛室生白，吉祥止止。夫且不止，是之謂坐馳。夫徇耳目內通而外於心知，鬼神將來舍，而況人乎！是萬物之化也。」

——〈人間世〉

白話譯解：

顏回（莊子裝扮）說：「請問什麼是心齋呢？」仲尼（莊子裝扮）說：「首先，專注又放鬆地集中注意力，把耳朵往外追逐聲響的習慣給暫息，轉而先專注在心念起伏上。接著，專注又專注，放鬆又放鬆，把心念追逐外物對象的習慣也鬆開，然後將心神專注在細微而敞開的氣息之自然流動上！通常耳朵會掛搭在聽覺的對象上，心念則會固著在意向的對象上。而當你能身心一如的遊於廣大流通的淡泊氣息時，才能以虛靈無礙的方式來回應萬事萬物。當你專注又放鬆在虛的狀態時，變化莫測的道才會被體現出來。所以說，聽之以氣的虛心，才是齋戒心靈的工夫關鍵。」

顏回接著說：「當我還未進入心齋狀態時，我還有強烈的自我感，但當真正進入心齋狀態時，原本固持的自我感就已淡泊而化了。這算是體會到虛的工夫精神了嗎？」孔子再回答：「你已體會到核心精髓了。……這時你能觀照身心無限敞開的狀態，就好比像那清靜虛靈的空曠處，自然透亮著光，洋溢著清新祥和氣息。……但如果你的身心不能虛靜，即便你靜靜呆坐許久，其實和身心不斷追馳攀求是差不多的。如果我們能讓耳目向內通達，而又能鬆開心知對外物的焦點化執著，那麼不論是鬼是神還是人，一切一切的存在樣相，都可以在我們已然去除偏見、淡化成心的虛室敞開中，獲得被體會、被納受的安息之地。正是這種虛而待物，能感能應卻不藏私的心靈空間，才能令萬物相遇又相化！」

10. 北國的冬去春來——與物爲春，道在枝頭

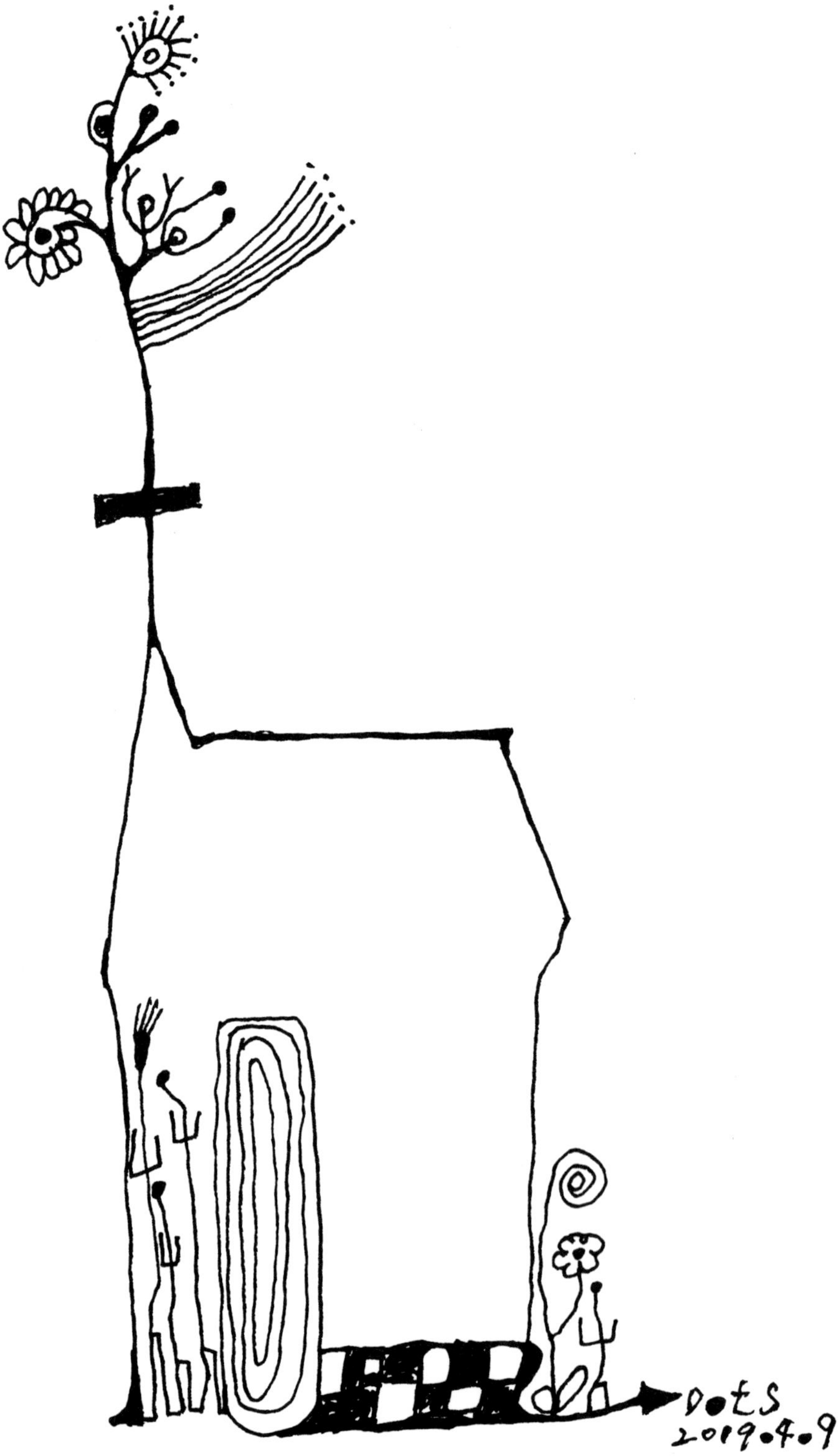

道在枝頭

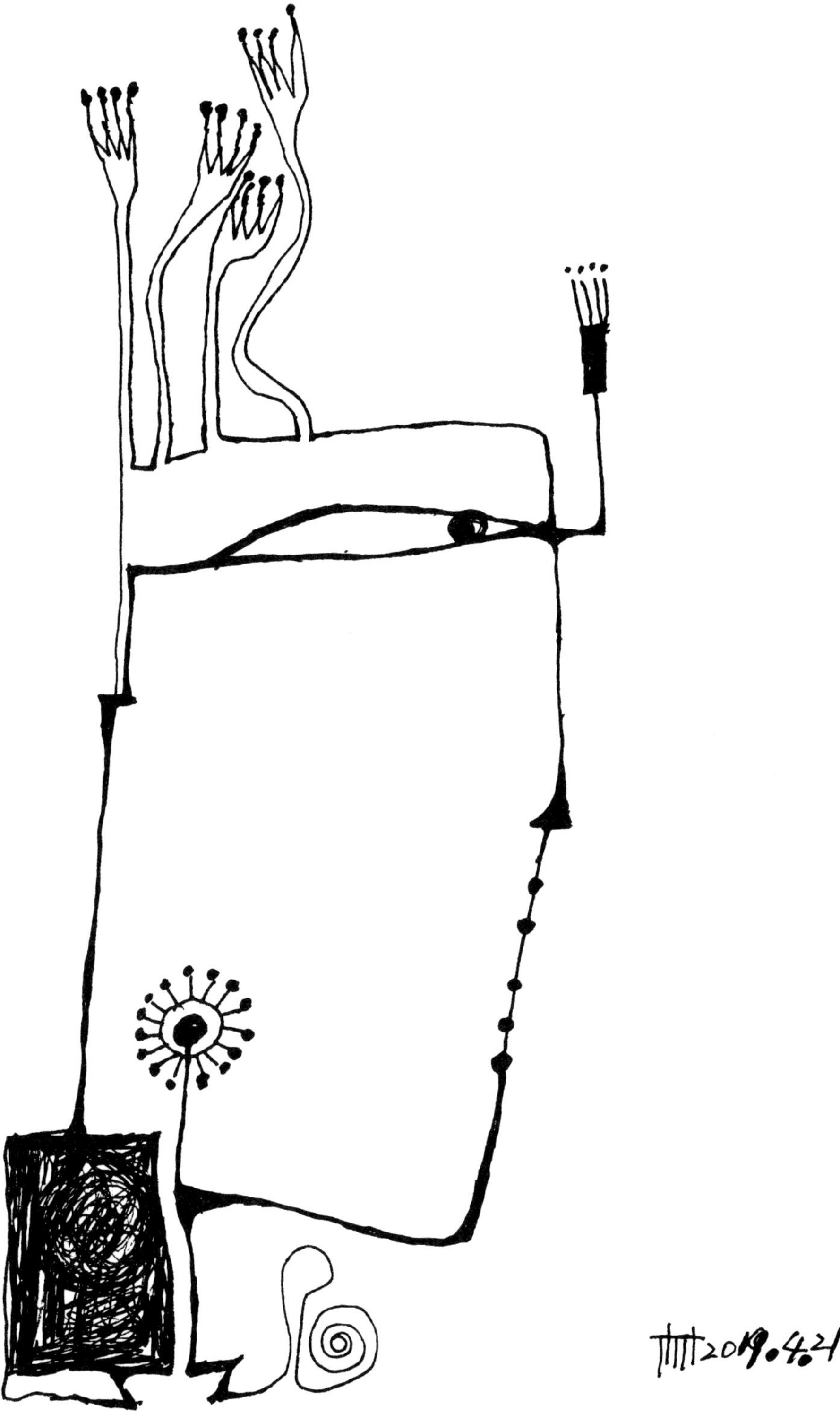

踏春尋道

芝加哥的冬天比傳說還長，對長年樂居亞熱帶，渾身是火的我而言，苦守寒窯的王寶釧日子，差可比擬！如今四月中旬的芝加哥，已是春在枝頭已三分了！今晨，陽光照床，隨照隨起，我便尋春去了！沿著大學周邊房舍，一路走到偌大華盛頓公園，一望無際的綠草地，已見證大地回春息。可能冬守寒舍的日子太久，身體本能地自然尋春！哪兒有花從雪融大地中，竄冒出來，我便往哪兒挖尋而去。

決心一路走春去，看夠累壞方休息！路上，看見百年孤寂老樹上，枯枝點點綠芽正雕刻著天空，這老樹望春風的心情，大概與我相似，都是因循內心春吶喜悅而活去！我站在樹下，一身落滿芽苞樹皮，原來是老樹的每個芽點正奮力脫冬襖換春衣。路邊那冰封三月的平凡無名植物，經歷零下二、三十度的寒冰覆蓋，如今也掙出青紅嫩葉，原來不可思議的生命力，就潛藏在這自開自落小小草根裡。大地的污黑軟泥，三三兩兩風雨蘭，鬱金香，還有不知其名的野花們，金黃的、純白的、靛藍的、透紅的，都已「復見天地之心」地啟蒙出來。花容未盛開，情性已甦醒！妙哉，萬物咸有靈！

四月清晨的芝加哥，空氣清新雖透寒，但已能清晰感覺——寒意未稍去，春意端上來！一路上，我滾著熱血，即色遊玄去。春意遍角落，腳下輕唱走，寫照的正是我心、我眼、我腳步。就這樣，漫遊到天地惟有一片綠的華盛頓公園。清晨七點，天地無人惟有我，與那不知從何而來的點點鷗鳥，人鷗相忘，各忙各閒各自在。清風中，唯我獨立晒初陽，芝加哥一早路上皆忙人，只有我獨閒無事幹，猶如《老子》所謂：「眾人皆有餘，而我獨

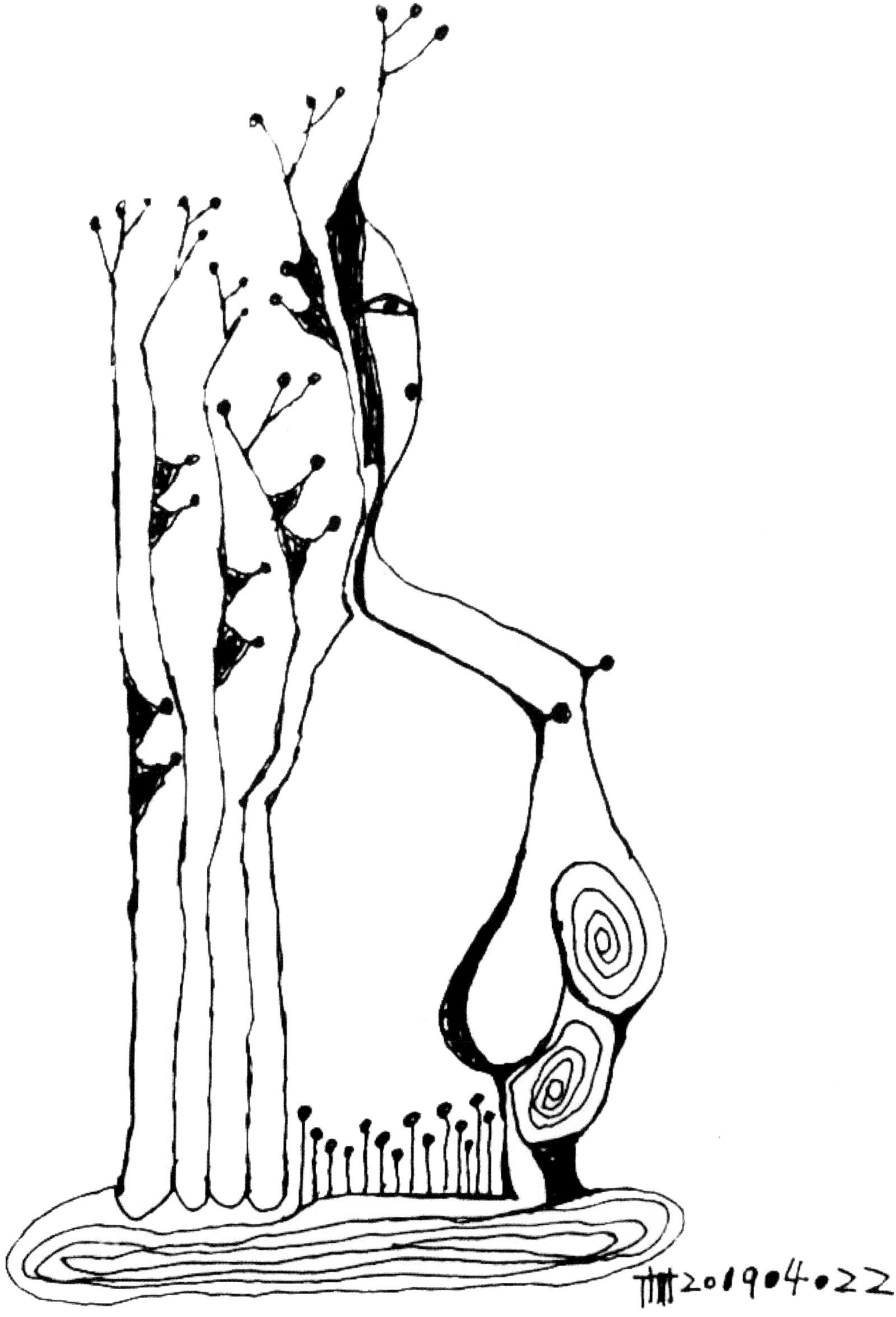

天地之心，春神端倪

情性已甦，花容未盛

若遺！……眾人皆有以，而我獨頑似鄙！」我一人尋春，多了孤寂也多了神性。

大家開始了一天的忙碌活，或工作，或讀書，有人送孩子，有人趕市集，各有各的忙，我也忙著尋春、看花、察顏、觀色，一路閒忙，四處遊蕩。這個百花齊放、萬籟齊唱的春心善端，你不細細聽它，貼近看它，它們就要轉瞬即逝，物化而去了。萬事萬物的「道」，存在哪裡呢？

東郭子問於莊子曰：「所謂道，惡乎在？」莊子曰：「無所不在。」東郭子曰：「期而後可。」莊子曰：「在螻蟻。」曰：「何其下邪？」曰：「在稊稗。」曰：「何其愈下邪？」曰：「在瓦甓。」曰：「何其愈甚邪？」曰：「在屎溺。」東郭子不應。莊子曰：「……無乎逃物。至道若是，大言亦然。」

——〈知北遊〉

白話譯解：

東郭子問莊子：「道到底藏身在什麼地方呢？」莊子答：「藏身在無所不在的地方。」東郭子又問：「能否為我更具體地指明出來。」莊子回：「在螻蟻等昆蟲身上。」東郭子驚訝地說：「怎麼可能在這麼卑微渺小的事物上？」莊子回：「在稊稗等植物身上。」東郭子說：「怎麼愈來愈低下了？」莊子回：「在瓦甓等礦物身上。」東郭子更加難以置信：「道怎麼可能存在在如此低賤無生命的事物上？」莊子回：「在屎溺等排泄物身上。」東郭子目瞪口呆，啞口無言。莊子感嘆地說：「真正的道，從來就沒有離開過眼前當下的萬事萬物，好的道理的表達方式，也自然應該如此。」

道在哪兒？答案是「無物不然，無物不可。」換言之，「無所不在」、「目擊道存」的眼下春光微細萬物。關鍵在於——心如何感受，眼怎麼察看。這一路上，污泥抽新芽，綠葉鬧黃花，枯木雕藍天，白雲舞朝陽……還有那老夫老妻的背影，雪白少女的紅頰，青青子矜，辛辛藍領，眉橫鼻直各色人，花紅柳綠花植們，無一不走在各自道路上。「道行之而成」，大家正各自走在春暖花開道路上，無一人，無一物外於道。你我相依相待，大家相視而笑。

吾心信步南北走，吾眼閒來東西看。物化萬千各自歌，天籟交響成春唱。我今早人生，猶如罔兩隨影，心眼隨著百花起伏，身影與罔兩（影子的影子）因循春天的物性天理而去。偶爾走累，隨地安坐，看見自己的春影竟爲自己立了銅像似的，似乎正自個兒玩味著與物爲春、道無逃影的公案。

人生正與重重無盡的物我關係相依相待，沒有事物獨立自存著，我們都依傍著無數因緣變化，而不得不繼續變化下去。一切自以爲固的東西，都將「冬去春來」地遷化而去。

妙哉，影子正為自己立銅像

冬寒將去亦將來，春暖將來亦將去。心想，芝加哥最宜待上一年，只有經歷這春去春又來，方能將它的靈性死亡與性靈勃發，好的壞的生的死的，一齊看盡，平等對待。歷練了芝加哥的漫漫寒冬，再見證一枝一葉的春回大地，無比感動，難以言喻。啊！那些人生正在寒冬季節的親人們，相識不相識的友朋們，苦守寒窯，堅持下去，春神已悄然等著你！我今早的循春之路，亦將隨道而化。我因順道路，自然回到了公寓，喝杯咖啡，讀篇文章，寫點文字，回應活著的感覺，報答存在的意義。這便是我今晨因循「道在枝頭」的尋春之道了。

密西根湖畔，零下二十度冰封數月的無名草，抽出春神之芽！道在枝頭！

11. 哀悼聖母，聖母哀悼——夜半力士，負之而走

芝加哥的聖母與少女

上善若水的母性

傍晚，到芝加哥大學附近聖母堂散步，這裡寧靜，空無一人的氣氛，常引我佇留。今日依然寂靜，漫遊漫觀之際，恍惚瞥見人影，原來是位年輕黑人女孩，低首坐在角落。我注意到她坐在牆邊一座端肅小巧聖母像下，身影姿態透露落寞無助。我微微點頭示意，剛要從她身邊走過。突然她問我：「你也是聖母教堂的信眾嗎？」「我不是，但這裡氣氛寧靜，我喜歡來這裡散散步，靜一靜。」這時，我看到她滿臉是淚，黑色臉龐映襯著哀傷的眼。她問我常來嗎？我說我喜歡這裡空無一人的寂靜。沒想到，她居然提起說，她母親身體狀況很不好，恐怕只有四、五個月可活了，她感到很無助。難怪她獨自一人，在這無人角落的聖母腳下，禱告苦訴。我感同身受，安慰她說，我母親也過世不久，我也經常思念她的種種，她晚年爲失智所苦，現在也算安息了。沒想到，她接著說，她母親現在也是爲失智症所苦，加上最近心肌梗塞問題，恐怕就剩下幾個月的日子了，甚至隨時都有可能離她而去。說著說著，她幾乎要掩面而泣了。我立在她身旁，無助又刺痛，不知如何是好。因爲她不知道，我母親和她媽媽很相似，往生前都是失智加上心臟……

同是天涯淪落人，相逢何必曾相似。雖然一個非教徒，一個是教徒，但兩人都是寂靜聖母院的傷心人，只是我剛走過母喪沒多久，而她即將面臨最艱苦的難熬。原本是地球兩端難有交集的黑黃兩色人，如今同樣因爲念母傷母，遇合在這無名聖母堂的小角落。天下之大，心同理同，人生故事不同，眞情心意可通。兩路人，刹那間，言無言，心相通。僅管如此，我知道我替換不了她，也不想多打擾她，此時此刻，她必須經歷她的人生。我和她道了別，希望這裡的安靜力量能陪伴她。確實，這便是人生：快樂去又來，悲傷來又去，來去之間，點點滴滴，醞釀了人生的百感交集與滋味萬千。有些痛會結疤，當某天你訴說這些過往故事時，疤不再作痛，好像在講說前世或他人故事似的。但有些痛永遠在，好像包在肉裡的刺，隱隱作痛，伴你一生，提醒你人生的憾，未來的課。我不知道有沒有安慰到這位女孩，但她卻鮮明提醒了我，那如在目前又恍若隔世的母殤……

冬將去，春將來的四月，我在芝加哥的網路電視看到了巴黎聖母院大火燒頂的即時影像，雄雄火光燃燒聖母院的高高塔尖。全球不知有多少人，同時看到聖母院尖頂無助地在烈火中倒下，在嘆息哀悼聲中，隨火光與灰燼，消逝在遙遙蒼穹天際外，了無蹤影，幻化成空。我人雖遠在芝加哥，但不可能沒有強烈感受，尤其去年七月要來芝加哥之前，六月我正好人在法國巴黎停留了兩個美好星期，那聖母院被焚毀的塔頂與玫瑰窗等照片，都還安全地藏身在我手機裡。我找出去年的照片，看著正在雄雄烈火中的聖母院，身處芝加哥遠方的我，仍不免濃濃哀悼聖殤。類似心情，去年十月臺灣發生普悠瑪火車出軌事故時，當時我也是在芝加哥這一端的網路上，看到我宜蘭老家附近眾多傷亡畫面，映襯著支離破碎的斷裂車箱，不時傳來親人哭號聲響。尤其那些母親哀淒無語的面容，對我而言，也是無言勝有言，無聲勝有聲的聖殤。

這把聖母院的無名火，這樁普悠瑪的出軌案，是人禍？是意外？幾分人禍幾分意外？有時是不易弄清的懸案。但對我而言，聖母院的焚傷，普悠瑪的碎斷，只是無所不在的

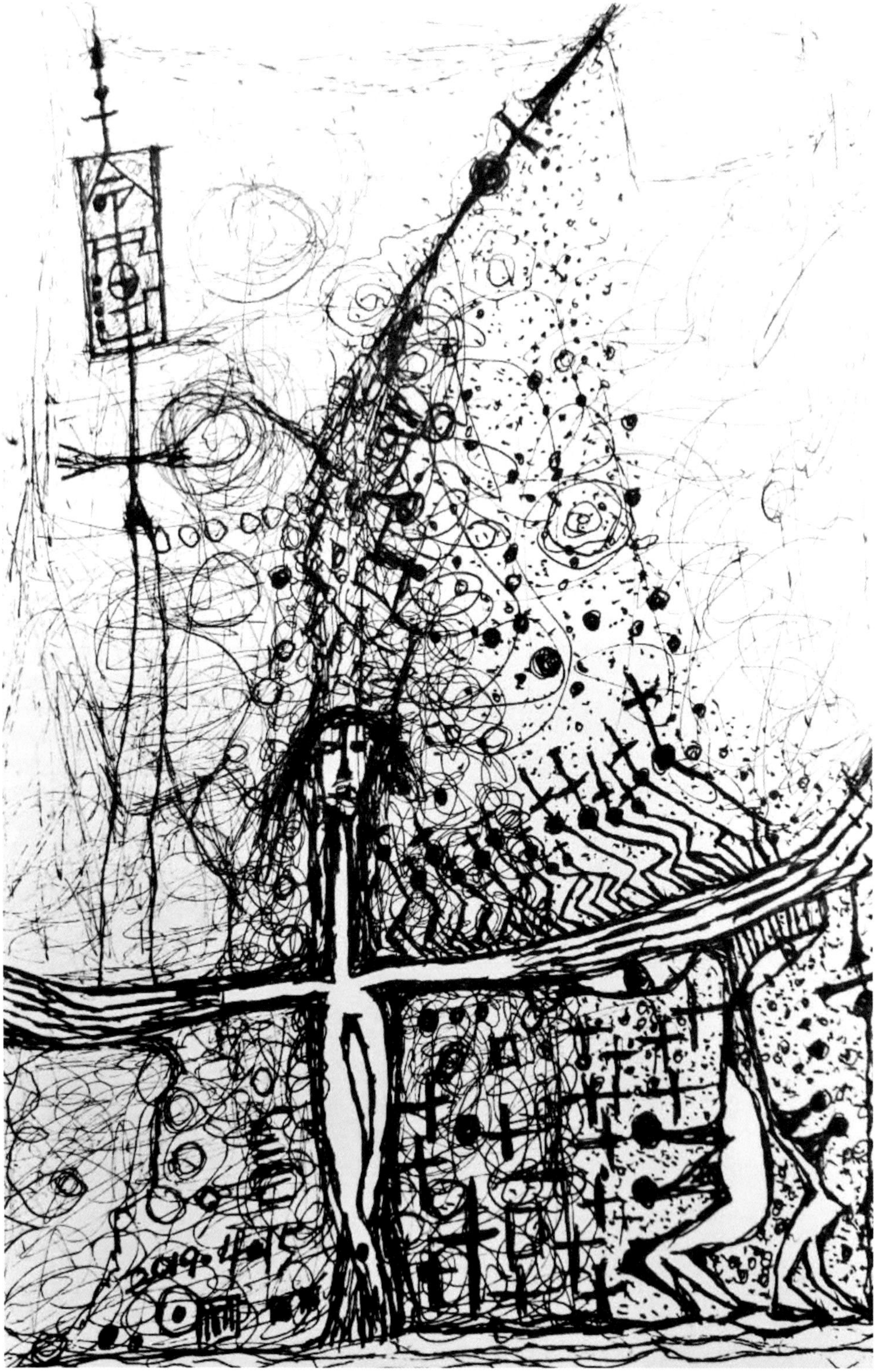

芝加哥與巴黎的聖母同哀

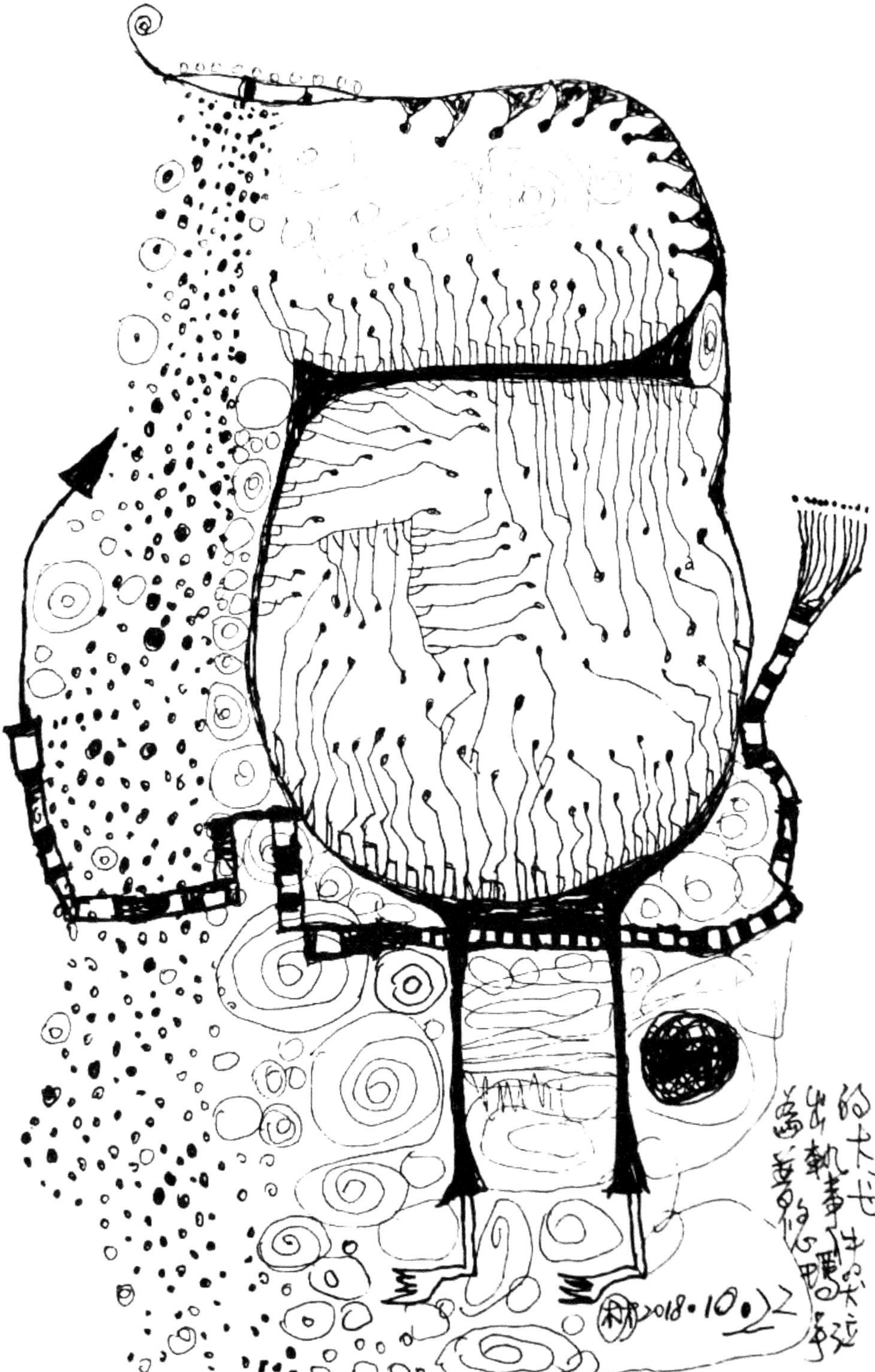

普悠瑪的大母神淚水

「化而無常」之大特寫、大景觀。其實人類歷史本就不斷重演著焚毀與重建，斷裂與接續的戲碼。其實，眼前正在受傷的巴黎聖母院，已不是十二世紀初建的聖母院，也不全是法國大革命、雨果《鐘樓怪人》的那座聖母院，亦非純是拿破崙登基加冕的聖母院，雖然它們依然還是同一個聖母院。相信數年後的將來，巴黎聖母院的塔頂也會再度崇高地樹立在天際，玫瑰窗也會再度亮麗地灑下華麗的聖恩。

如今的廢墟，來日的榮光，往昔黑污泥，今日白蓮花。可以說，聖母院從往日到現今，本就是個不斷死亡與重生的共在現象。它不斷在歷史廢墟中重建，也不斷在重建中走向廢墟，又從廢墟中再生新機，又再從新生中走向壞空，如此「化而不化，不化而化」地斷續並存。可以說，聖母院的破壞與重構，反映的正是《莊子》揭露的無所不在之弔詭邏輯：方生方死，方死方生。生死一條，生滅一貫。生死存亡，不一不異。即生即滅，若存若亡。聖母院、普悠瑪，世界萬物的一切切，都無逃乎這種「虛無中重構有形，有形又重返虛無」的「即虛即構，即構即虛」之「虛＝構」邏輯。

從《莊子》看來，聖母院焚毀的同時，當下就隱含著再度美麗的生機。反過來說，任何美麗珍寶當下也隱含廢墟的殺機。如此一來，生機即殺機，珍寶亦廢墟，也正是萬物的「方生方死，方死方生」，才真正構成了「不生亦不死」的變化永恆，永恆變化。這把焚毀聖母院的無名火，出自誰手？來自何處？《莊子》給的真正答案是：「夜半力士，負之而去。」那無以名狀的變化大力量，早已不知不覺靜靜悄悄來到，一點一滴讓聖母院塔頂在無聲無息地塌崩中。同樣地，天長地久般的冰天雪地芝加哥，那厚雪覆蓋數月而看似全然死寂的污黑大地中，其實春天的綠芽生意與小花生機，早已不知不覺地進行著大地回春。這個「化而無常」的變化大力士，總在我們意識昏沉，遺忘覺察的夜半時刻，偷走了我們的珍愛。但《莊子》說，這個大力士很公平而無私心，祂雖偷去，但也帶來，也就是這個「既偷去又帶來」的遊戲邏輯，讓無盡的哀傷有了自我復原的幽默生機。這便是《莊子》「藏天下於天下」所要示現的悲欣交集、苦笑同體的人生況味。可惜沒有機會，不然我想爲芝加哥聖母堂的這位偶遇的黑人女孩，吟咏頌讀〈大宗師〉底下這段「冬去春會來」的詩歌隱喻。因爲善讀它，足以轉化哀傷、寬慰人心、幽默人生。

"The Great Clump burdens me with a physical form, labors me with life, eases me with old age, rests me with death. Thus what makes my life something good is what makes my death something good; considering my life good is what makes me consider my death good. For you may hide a boat in a ravine or a net in a swamp, thinking it is secure there. But in the middle of the night a mighty one comes along and carries it away on his back, unbeknownst to you in your slumber. When the smaller is hidden within the larger, there remains someplace into which it can escape. But if you *hide the world in the world*, so that there is nowhere for anything to escape to, this is the great disposition of things which makes eternal."（譯文來

自 Brook Ziporyn 教授對《莊子》的英文翻譯：“Zhuangzi:The Essential Writings with selections from traditional commentaries”

「夫大塊載我以形，勞我以生，佚我以老，息我以死。故善吾生者，乃所以善吾死也。夫藏舟於壑，藏山於澤，謂之固矣！而夜半有力者負之而走，昧者不知也。藏小大有宜，猶有所遯。若夫藏天下於天下而不得所遯，是恆物之大情也。」

——〈大宗師〉

白話譯解：

是浩大的造化力量，才讓我有了形體以承載生命，也讓我得以透過形體而勞動承擔自己，並在身體老化時可以漸漸安逸些，最後又讓死亡來讓我徹底安息。一個領受並熱愛生命的人，同時也應該領受並欣納死亡。如果有一個人，將他珍愛的小舟藏進了山谷裡，將山谷藏進了大湖裡，便自以為已經層層隱藏而隱密安全了。他哪裡知道，變化萬千的造化大力士，總是三更半夜，悄然無息地將你私藏之物給搬離，而愚昧粗心的人，總是未能察覺它的無所不在。自認為歸屬於「我」的大小事物，人們經常喜歡為它們找個合宜的藏匿處，卻總是無法避免被大力士找到，並終將亡失的命運。只有你能徹底將自己交付給自然的大化流行，「藏天下於天下」才能「無得無失」，因為這才是萬物最真實的實相啊！

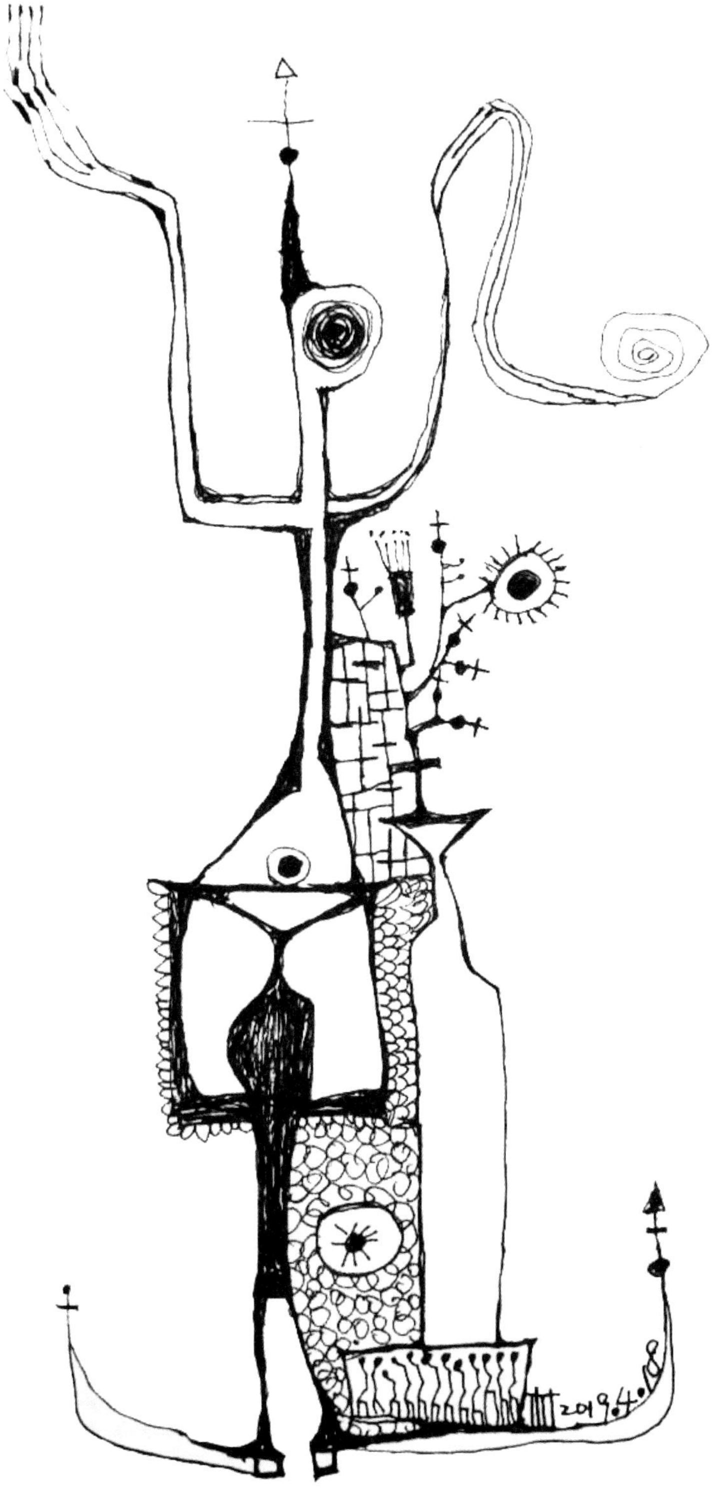

春去春又來，聖母院必重生

高雄海邊沙字，藏天下於天下

12. 暫別母親，遠遊無涯——鼓盆而歌，禮之真意

俄而子輿有病，子祀往問之。曰：「偉哉！夫造物者，將以予爲此拘拘也！曲僂發背，上有五管，頤隱於齊，肩高於頂，句贅指天。……予何惡！浸假而化予之左臂以爲雞，予因以求時夜；浸假而化予之右臂以爲彈，予因以求鴞炙；浸假而化予之尻以爲輪，以神爲馬，予因以乘之，豈更駕哉！」

——〈大宗師〉

白話譯解：

沒多久後，子輿生了病，好朋友子祀便去探望。子輿說：「偉大的造化力量啊！將我的身體變得如此奇形怪貌！彎著腰，駝著背，背上突出如管狀般的駝骨，讓我臉頰往下幾乎要貼近到肚臍了，肩膀高過了頭頂，髮髻直沖天際啊！……我怎麼可能會討厭這樣的自己呢？假使造化準備將我的左臂變化成雞，我就用牠來替我報曉天時；假使造化將我的右臂變化為彈丸，我就用它打下鴞鳥烤來吃；假使造化要將我的尾椎變化成為車輪，那我就把精神一起化作馬匹，這樣我就能乘坐這輛馬車，而無須另外的車駕了！」

按照時序，這一篇應放在最前，卻隱身到後來，這一篇本該最早寫下，卻要到最後才能動筆。只有全部寫完十一篇文字，我才能一次性整理心緒，刻描這篇和母親相關的文字記錄。延遲到最後，只因情濃心重，昔日往憶，點點滴滴，白雪紛紛，怕凝結不了畫面。

更擔心落筆過程，意象散碎，神魂離去，天人斷隔。於是，遲遲徘徊，難以下筆。

母親過世，就在去年（二〇一八）七月，在我遠行芝加哥前的三星期。也是在去年七月初，我隨太太去巴黎法蘭西學院參加禮學會議，剛從巴黎回到臺灣後的幾天。母親選擇在我從巴黎回來之後，遠赴芝加哥之前，這段不可思議的間隙，告別人間，遊化他界，帶給我深深的感念與感慨。二〇一八年的七月，是一段濃郁化不開的月分，一串串生離死別的影像，一幕幕浮現在芝加哥大雪紛飛的黑夜裡，時光交錯在雪白又暗墨之間，影像與記憶，飄蕩來去……爲母親入斂，守靈，公祭，火化，送葬……這些高密度的死生意象，複寫在我未可盡知的內心深處。一切切，還來不及細細打包裝箱，轉眼間，我人身影已遊蕩在芝加哥的異域他鄉了。

去年七月初，從巴黎回到臺灣沒幾日，一大早接到了父親的緊急電話，告知我母親昨夜突然病危，今晨緊急送往急救病房。由於父親從未有過這樣慌張辭氣，我心中強烈預感母親恐要永別了。即刻趕回宜蘭老家，一路上大哥不斷傳來加護病房照片，母親身上夾滿各式急救儀器，臉上帶著高氧面罩。沒多久，接到大哥傳來一行字：「快回來！媽媽在等你。」我的淚滾燙落下，心中默念：「等我！媽媽！等我！我會在您身邊！」到了醫院，看到母親全身插滿管線，強烈高壓氧的聲音，已分不清母親的喘息聲還是高氧的機器聲。我在母親耳邊輕喚，說我來了。雙手放在她胸口心臟處，撫觸她雙手及冰涼雙腳。我希望手中的溫度與觸感，能讓母親感覺到我就在身邊，感受到眞實的溫暖，能在喘息中安下心來。

母親的意識已在若有還無之間了，我用身體的溫度和觸覺，相信那還在人間的母親神識，能知覺到母子間無須語言的那份繫念。這是母親失智二十餘年，最後幾年臥床無語時，我們之間的祕密語言。我經常按摩母親的身體，有時刻意刺激她身體穴位刺點，想要藉由她的身體感，讓意識在泯覺之間，能意會親情倫理的溫度。這是我面對長年失智母親——失去記憶，失去語言，失去活動，最後連神經知覺都漸漸失去，猶如一粒種子進入冬眠，自我收藏起來，進入那無痛無苦，無名無姓，無知無覺，境識俱泯的玄祕世界——唯一能找到的一條連繫絲線，在有知與無知，意識與無意識間的親情通道。這幾年來，只要回到宜蘭老家，定會幫母親全身按摩，拉筋，刺激，觸覺。有時趁著大好陽光，帶她到半陽半蔭樹下，一邊讀點閒書，一邊按摩腳底，讓她感覺陽光拂照，和我手上的溫熱刺感。這時母親像是睡深的嬰孩，呼吸均和，清靜安祥。

這一次，在加護病院撫觸母親的手心與腳底，母親一直沒有回應我。這一次，母親已決心遠離了，要告別她不離不棄的人生伴侶——我的父親。醫生以極爲愼重的態度，小心的修辭，告知我母親的狀態。我知道，這已不是說明病情，而是交待後續。人生早晚總要面對最難的那一關，母親長期失智臥床，這一年來家人已反覆商量，在最關鍵時刻，不讓母親再受無謂之苦。決定再等一兩天，期待奇蹟會發生。這一夜，時間眞無比漫長。第二天醫生告知，母親的狀態很辛苦，已用盡一切緊急藥物，她的身體成爲了慘烈戰場，各種指數顯示……。不久，母親已無意識地送回老家，回到她一生：婚嫁於斯，與丈夫共命於斯，成家立業於斯，生兒育女於斯，悲歡喜樂於斯，乃至二十年來失智於斯的老家。母親，像一片落葉歸根的黃葉子，靜靜然，緩緩落，飄回她摯愛溫暖的土壤裡。

生老病死，天生實然。養生送死，人理應然。問題是，怎麼爲母親送別入葬？我是學莊子的人，何謂禮之眞意？向來悠悠我心。面對的母親的葬禮，涉及父親與兄弟姊妹等眾人之事，還有父親和家人們的社會網絡，甚至母親那邊的親屬網絡。如何愼終追遠？如何親德歸厚？便成爲不得不細心回應的大事。我和兄長姊妹等家人，先定位喪禮要以素樸簡靜爲原則，不要那些吵鬧無干的閒雜打擾。我們決定不讓母親送去離家遠而無溫暖的殯儀館，我們要將靈堂設在家中，以便母親在入斂前這幾天，家人可日夜守靈，一起憶念母親。彷彿母親只是深深入眠，我們依舊在身邊朝夕有語。面對這種死生大事，是生命最柔軟也最脆弱的時刻，家人如何在此時，或一同守靈，或獨自告別，或相互鼓勵，或解開遺憾，是我們在喪禮這段時間最堅持的信念。尤其老父親最不容易，他過去從事過地方政治與宗教活動，退休前的社會網絡綿密，要他接受簡樸的喪儀，原本一點把握也沒有。沒想到，父親完全願意聽隨我們的意見，一起在最素樸最純粹最溫暖的氣氛下送別母親。父親此時此刻的柔軟隨順，其實是來自他照顧失智老伴二十餘年，繁華落盡後，反璞歸眞的素心。這眞情素心，使他能回歸禮之本眞，一同和孩子們以親待親，一同護送他的老伴，走完人生最後一里路！

母親失智已二十餘年，這可能是失智症案例中，少有的長壽紀錄。母親從失智初期到最晚期，中間過程雖然點滴漫長，卻非常清晰完整地讓你看到一個生命：從記憶開始片斷化零亂化，到逐漸遺忘身邊最切近事物，卻記得遙遠的童年往事……記憶褪色後，語言能力也漸漸退化，退回少數單辭的自我重複……然後忘了家的地點，家人名字，乃至先生和自己的名字……一步一步，從成年退回童稚。回歸到天眞無邪如四、五歲般孩童，喃喃自言、牙牙學語。在相當長一段時間裡，我們的母親不見了，家裡卻多了一個愛唱日本童謠的可愛孩子。母親自幼受日本教育長大，早年曾跟我說想去看富士山，沒想到失智後的她，果然經常神遊到童謠的國度裡。有相當相當長的時間，家人的聚會，總是繞著母親這個大孩子玩，她尤其喜歡看家人拍手陪她唱歌，興奮之餘，也要爲自己鼓掌歡呼。

整體上，家人並沒有因爲母親的失智，染上憂鬱氣氛，這主要歸因於父親的強韌生命力及開朗大氣性格。我印象深刻，全家人經常在飯桌上，開各種玩笑。一個記憶零亂甚至幾乎失去記憶的人，會自然創造出很多幽默的事情。比如才吃完東西待會兒就忘記，一串香蕉會被很快地一根根吃完，因爲她總以爲只吃了一根，所以得要將她太愛吃的食物給藏起來，但幾乎總是會被嘴饞的孩子找到。父親喜愛講起他五花八門的藏食物技巧，卻每被母親破解的荒謬笑話。又如母親偶爾會突然神清氣爽地記起古老往事，又信誓旦旦給說了出來。有一次她突然說有錢寄放在她姊姊那裡（她們姊妹有連手藏私房錢，不讓丈夫發現的有趣往事）。所以我父親後來都會跟我大姨開玩笑，調侃她還眞欠我媽媽不少錢啊！又如有一次，母親突然說出過去全家人極愛吃的一道料理祕法和關鍵比例等細節，我們全家人如獲至寶，趕緊記下，依法炮制，果然是媽媽味道。這種失傳多年的料理祕方，從母親手上失傳數十載，如今失而復得，樂不可支。又如母親有時剛睡醒，會突然迴光返照，有一兩分鐘的短暫記憶，這時父親好像找回老情人般狂喜，大聲召喚家人前來，一個一個點名要媽媽叫喚孩子。那眞是緊張又刺激的時刻，因爲誰的名字沒被叫出來，那個人就會被調侃成不被媽媽疼愛的孩子。父親就喜歡帶頭玩這種半認眞半玩笑的荒謬劇。

我們最最喜歡的是帶母親到海邊烤火，尤其她年輕時曾和父親共命過的，那可清晰看到龜山島的海邊。從夕陽西下到夜色來臨，我們撿拾漂流木，升起火來，一個個輪流唱歌給媽媽聽。而這位老爸總愛大展歌喉，唱他老伴愛聽的歌，歌聲自娛又十分娛人。這個全家型的海邊儀式，直到母親過世前不久，二哥和我們還抱著骨瘦身輕的母親在海邊泡茶看海，圍火歌唱。就是因爲父親照顧母親時的幽默大氣，以及妹妹的幫忙，全家人可將母親的失智，轉化成另類的情感模式。因爲失智，所以無我，因爲孩子，更爲天眞，因爲遺忘，全然託付。於是母親的「無識無知」、「大智若愚」，成了家人最大的反諷與幽默來源。父親正是這個反諷與幽默的高手，她開老婆、孩子和自己的玩笑，毫不嘴軟。母親總是隨熱鬧氣氛痴痴跟著笑，孩子們則是以反諷回應反諷，讓幽默繼續幽默下去。

有時我們覺得父親會太累，想單獨帶他去散散心，但他幾乎總是堅持不能放母親一人在家，一定得帶在身邊。後來父親這種深情款款的愛妻形象，爲他在鄉里親屬朋友間，帶

全家人帶「大智若愚」的失智母親，齊去海邊，烤火唱歌。

來高人氣，但卻也同時帶來我們幾位兄弟被調侃的災難。例如姊妹妯娌們總是一口咬定，我們會遠不如老爸有情有義，這時這位老爸還會躊躇滿志，再自我吹噓吹噓，完全不給面紅耳赤的兒子們辯解機會。這個父親能自解自嘲，陪失智老伴幽默人生，和孩子大開玩笑，因此才能度過二十年餘年的漫漫歲月。像這種笑中有淚，哭笑不得的人生場景，實在多不勝數。毫無疑問，這父親正是這場二十年黑色幽默喜劇，第一最佳男主角。

母親雖然失智，奇怪的是，她總是家人感情的最核心。每次我打電話回家，第一件事總要問母親，回家第一件事也是想先看看母親。而父親也愈來愈清楚意識到，母親這種連繫家人情感的神祕力量，因此格外珍惜母親的每一天。尤其到了失智最晚期，母親除了行動能力失去，連吃飯吞嚥都愈來愈辛苦。從硬食到軟食，從軟食到流質，每一餐飯，愈來愈慢，細水長流。我經常看父親爲了給母親補充營養，一早準備各種水果，刻意把水果的一頭削尖，呼喚媽媽把嘴張開，趁微微空隙好塞入口中。而媽媽每吃一口，家人必然湧現讚嘆鼓勵聲。我時常心想，媽媽後面這兩年，所以願意辛苦把食物一口一口吃下，主要是因爲父親聲聲呼喚的關係。她是爲丈夫，爲她孩子的父親，才願意承受身體之苦，勉強自己多留最後這兩年。母親幾次病危，幾乎都因爲無法進食緣故，但一次又一次，都被父親和妹妹，一口一口餵回來。在那失智的最後兩、三年，母親從一個四、五歲的孩子，很快退回嬰孩狀態，大部分時間都像搖籃裡的嬰兒。但我們依然愛圍著她，說說笑笑，一邊幫她按摩身體，一邊刺激她的知覺。直到母親最晚年狀態，也大都是在這種溫馨平靜的歲月

衣帶漸寬的母親

父親呼喚，母親開口

中度過。

爲母親守靈這幾天，也是家人更爲親密的時光。我們和父親商量好入斂及相關儀式的時間與方式，在質樸簡靜原則下，有了幾個決定：一、全家人一起親手布置母親的靈堂。二、以最清靜、最有意義的方式爲母親入斂。三、公開儀式僅邀請親屬及父母最親近的朋友，還有相處四、五十年的老鄰居，不收任何奠儀。四、火化後將母親和祖父母合葬，那是父親早就爲母親和他自己預先安排好的最後歸宿。而在守靈到火化這段時間，兄弟姊妹們隨時把想向母親說的話，寫在母親身邊的小冊子，一一訴說想對母親說的思念與祝福。守靈第一天，我寫了給母親的幾句話：「昨日夜裡，媽媽首次來入夢。恍兮惚兮，年輕時顏容。無疑，母親那是您，如絲依舊的繫念。醒眠之間，匆匆一晤，但太匆匆。母親啊，請再入吾夢，與兒細語。」當天，大哥親自在母親的簡樸靈堂畫上水墨畫像，用書法親寫靈位，又從後院找來父母年輕時自己組裝的古董腳踏車，放在角落，掛上一張很有紀念價值的全家老照片。妹妹自發爲母親誦讀《金剛經》與〈普門品〉，姊姊則自發地在母親身旁整夜坐禪相伴。然後我們也決定，全家總動員去找尋古老照片，一方面從古老舊物睹物思情，另一方面透過老照片爲母親製作人生的回憶故事，以爲公祭時播放。

入斂的那一天，大哥，我，我太太，三人走訪母親童年的遊戲之地，順著母親生於斯，長於斯的鄉村小徑，一路折取母親熟悉的各色小花，帶回去給家人，相配每人寫下的思念與祝福字條，一一唸給母親，一一放入母懷。讓這些我們摘下的香花香草，寫下的溫情厚意，讓即將蓋棺的媽媽，不孤單遠去。入斂的過程雖然素樸卻很美麗，那是我們用醇厚情感，一點一滴自然生長出來，「由質而文」的美學儀式。我太太鑽研古禮儀式，她一方面隨侍在旁，一方面感受良深。而父親在旁伴著這一切，知道他可以安心把母親交給孩子們。

母親入斂後，我們也收集完母親和家人的老照片。家人一方面重看這些古老照片，一方面回憶恍然如夢的流金歲月。而我和大哥的兒子開始著手影片的製作，由孫子製作影像的編輯與配樂，由兒子（我）來做文字旁白，將我們對母親和家人的情感故事，刻印在影像旁，爲家族歷史畫龍點睛。製作完後先播給家人們看，一同感受母親從清秀容顏，到失智童顏的變化人生。一張張父親和母親不同階段的夫妻照，一張張孩子們陸續出現在家庭因緣的時序照。一張張從夫妻白手，孩子長大，成家立業，到孫子們由嬰兒到青年……。一串串如夢如幻又眞實不虛，從黑白到彩色的影像，訴說一家人的因因緣緣。而母親正是這一家人倫天理故事中，創造生命又呵護天倫的慈柔根基。

家人一起觀看這個紀錄影像，一方面因回憶往昔而豐富了感情，一方面因百感交集而撫慰了母親失智多年的情感空缺。而孫子輩們則因親手參與了影片製作，因而更了解家族歷史記憶，也再次回憶奶奶與他們童年的疼愛關係。而大哥和我們則以藝術直覺和對母親的感情，盡量將它們轉化成雖質樸，卻保有人文情性的禮儀細節。這一段護送母親的最後一里路，也是我重新細細品味莊子和喪禮的私密時光。母親既與我有深情厚意，但母親又屬於每個家人。家人各有各的情感，都要在這個儀式過程，受到體貼，得到紓解。因此公

母親偶爾迴光的臉與神

最後一里路送別

私交織的人文儀式，情禮之間的輕重緩急，如何讓它們凝結交織出合情合宜的意義圖像，以得人心安穩，又讓情義歸厚。這必是莊子曾經遭遇與深思過的人生要事，而這也是我和太太經常反覆辯論，莊、儒在面對死生禮儀的異同關鍵。

公開儀式的那一天，讓親朋好友們先靜看母親一生的故事影片，然後由大哥親自主持家祭與公祭儀式。進行家祭時，家中每位親人讀誦自己寫的祭文給母親，各各說出自己對太太、對媽媽、對婆婆、對奶奶……最後的心裡話。然後再讓親朋好友們爲母親獻花，或默禱、或說話，終而禮成。禮成後，我們送母親的靈柩去火化，一路上向母親喊話告別。去時路，母親有體有柩。回時路，母親一甕青灰。我和大哥及他的大兒子，循著來時路，一車帶著骨灰裡的母親，領她回到最終的家。一路依習俗，呼喊媽媽的魂魄，要媽媽一路小心過橋，一路緊跟回家。喊著，喊著，我突然痛從中來，泣不成聲……

其實從母親病危那一夜，到不得不放手，到守靈入斂，到家祭公祭，我未曾有過淚水。如今，帶著骨灰裡的母親要回家去，我才徹底領悟，母親從有形化爲無形，再也看不到，摸不著了。我們再也無法抱她到陽光下，撫觸她枯瘦的身體，再也無法抱她到海邊去，唱歌給她聽。她已先我們歸入浩浩渺渺的大化流行了，她的身心已然「與天地並生，與萬物爲一」了。她的身已化入一花一葉一山一湖的山明水秀，她的魂已化入萬物有情的性靈芬芳。母親啊，那也將是我們未來的共同歸宿處啊。雨水淚水，潤物無聲，輕輕灑落，墳前小花……家人們相約定，將來的將來，各自背著母親的情性與靈魂，走過大山大水，到那天涯海角，讓母親的性靈跟著我們腳步四處遊歷，以彌補她二十餘年失智，困守輪椅的人生缺憾。就這樣，我的背，刻著母親，啟程了我生活在他方的芝加哥一年之旅！

獻给　母親　父親

莊子妻死，惠子弔之，莊子則方箕踞鼓盆而歌。惠子曰：「與人居，長子老身，死不哭亦足矣，又鼓盆而歌，不亦甚乎！」莊子曰：「不然。是其始死也，我獨何能無慨然！察其始而本無生，非徒無生也而本無形，非徒無形也而本無氣。雜乎芒芴之間，變而有氣，氣變而有形，形變而有生，今又變而之死，是相與爲春秋冬夏四時行也。人且偃然寢於巨室，而我嗷嗷然隨而哭之，自以爲不通乎命，故止也。」

——〈至樂〉

白話譯解：

莊子的妻子過世了，好友惠施前往弔問，卻看見莊子蹲坐一旁，輕輕敲打盆子，低聲自歌。惠施感嘆說：「你與妻子同居相處多年，人家為你生兒育女，如今衰老而亡，你不痛哭已經不合人情了，怎麼還敲盆唱歌，這不也太過無情了？」莊子說：「好友，你並沒有理解我、體會我。太太剛過世時，我怎麼可能不哀傷感慨呢！然而除了這份人間緣分的不忍難捨以外，我也領受到，任何人的有限生命其實來自於無生無死的源頭，最初時不但還沒有產生出生命，也還沒有形體，不僅還沒有形體，也還未有氣息。但奧祕的是，就在若有似無的恍惚當中，突然湧現了氣息生機，氣息醞釀出形體，形體承載著肉身的有限生命。如今，這個有限的生命又將因死亡轉入不可知。這樣的歷程就好像春夏秋冬四季的流行遞嬗那樣。我的妻子現在已經在天地間安息，並轉入了大化流行，如果我還一直像初始那樣哀痛哭泣，這是想要強硬拒絕造化的天命，而不是通達造化的自然天命。所以我才漸漸收拾了哀傷，轉為鼓盆而歌，送我太太，那人生的最後一里路啊！」

父親現在常去老麵攤思念妻子

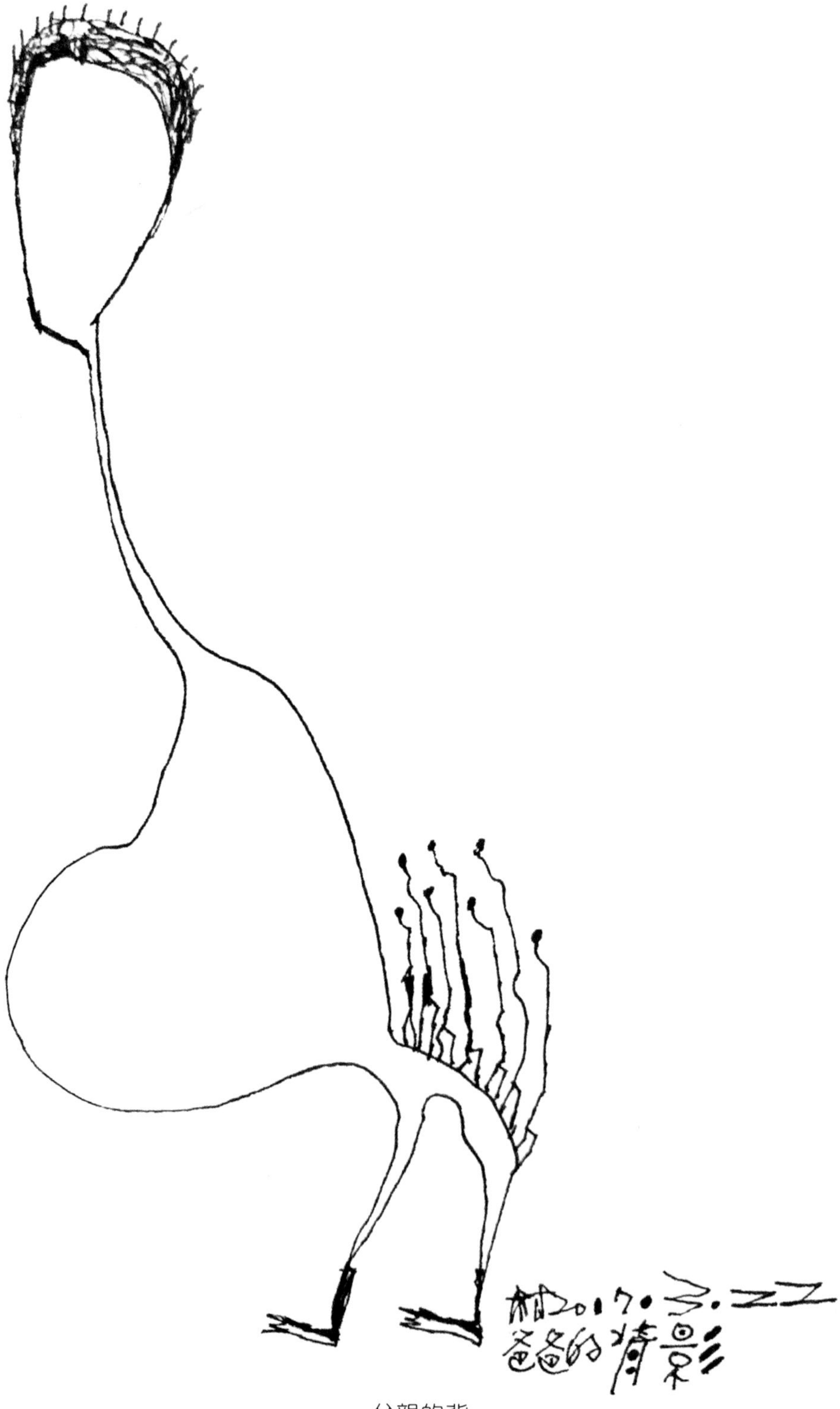

父親的背

附文

莊子如是說：讓小孩在遊戲中長大，讓大人別忘了遊戲

一、當莊周遇上黃色小鴨而相忘於江湖

二〇一三年八、九月的夏末，美國宣布爲嚴懲敘利亞政府軍使用生化武器傷害無辜百姓，將派遣航空母艦巡行並出兵敘利亞。當時高雄市政府也宣布，將於九月十九日到十月二十日期間，迎接荷蘭概念藝術家霍夫曼（Florentijn Hofman）派來的黃色小鴨（Rubber Duck），快樂地駐紮愛河光榮碼頭。電視螢幕播放兩種畫面，一邊是敘利亞孩子正身受生化武器毒害，臉部扭曲，身手不由自主抽搐，表情驚恐，發出陣陣呻吟；一邊是高雄市民興高采烈迎接遊來愛河出海口，畫面中即使是大人，說起黃色小鴨時，臉上神情就像身邊的孩子一樣天眞興奮。這隻高達十八公尺（約有六、七層樓），四十位成人才能合抱的巨型充氣玩具鴨，是荷蘭藝術家霍夫曼於二〇〇一年發想打造，二〇〇七年開始出巡各國的黃色航空母艦。據報導，這隻深受喜愛的小鴨已經遊遍四大洲、十個國家、十多個城市，所到之處萬人簇擁，群眾爭相合照。它讓跨國家、跨文化、跨族群、跨年紀的人群爲之著迷。他不以力服人、卻使人心折服，似乎印證了《老子》「柔弱勝剛強」的道理。

想也奇怪，一隻不怎麼起眼的玩具小鴨，爲何會造成神奇的風潮？霍夫曼只是將兒時記憶的「它」放大幾百倍，然後放置在一個商業大港或交通要塞，居然可以引起這麼多人潮話題。這除了再次反映出媒體時代的群盲現象、商業利機外，它還隱藏著什麼道理呢？一隻放大的橡皮假鴨有何能耐讓一大群視時間如金錢的現代人花費寶貴時光呢？雖像霍夫

曼這一類大型公共藝術設置的背後經常涉及巨大利潤，這是文化消費的商業邏輯，但是在純看熱鬧之外，是不是還有其他另類風光可尋？我嘗試想像黃色小鴨若不僅僅限於從商業景觀的角度來觀察，似乎也可將場景轉移到莊周與黃色小鴨的相遇又相忘於江湖的人文角度來聊聊。如果莊周可在夢中變身為蝴蝶而栩然自適，可在湖邊散步而與遊魚相樂相忘，又為何不能跟黃色小鴨在高雄愛河來一場逍遙邂逅呢？

小鴨環遊世界，在不同國家的重要港口轉徙漂流。如果莊周有可能穿越時空，和兩千年後的黃色小鴨相遇，這場「旦暮遇之」的古今相會，莊周不僅可和小鴨相遇於「道」中，還可一起在「無待」中相忘相遊，飽覽臺灣各地風光。讀者不必驚訝，莊周向來擅長虛構故事、藉假傳眞。他向來擅長弄假成眞，在虛構中傳遞大道眞理。至於大道何處尋？如何與大道相遇？最驚人的答案，就在〈知北遊〉那段「道在屎溺」的公案中。

「道在屎溺」讓大道從形而上「轉向」具體，回到形而下的「愛物」、「戀物」的發展，等於是發出了「道無逃乎物」的宣言。這是在說道並非萬物背後那個超越根源的形而上主宰者，而是在「大逝遠反」的運行中，呈現為形而下的具體萬物，這正是「即物而道」的物化美學觀。因此，我們針對〈知北遊〉嘗試發問，倘若莊周已明白回答東郭子「道」可以在螻蟻、稊稗、瓦甓、屎溺之中，那麼「道」為何不能在黃色小鴨身上？更進一步來說，視覺所見、耳朵所聆、觸覺所感等身體感知所能及的「貌相聲色」，都有可能成為「目擊而道存」的微妙義。所以，「道」在不在螻蟻、稊稗、瓦甓、屎溺、黃色小鴨之中，它還涉及人（遊客）的主體是否能「與物相遇」。用《莊子》的話說，要不流於過客消費的「遇而不遇」，關鍵在於能否升入「與物相遊」的逍遙感受之中。

要「與物（黃色小鴨）相遊」，必須經過一番「相忘」的修養來轉化主體或改變認知。《莊子》所說的「相忘」正是進入主體對客體的表象、計算、宰控已經「脫忘」，將「有待」（有爲）暫時懸擱，轉化出「無待」（無爲）的逍遙主體，接著就能在「與物相遊」中，重新與萬物恢復起原始的遇合關係，道理就跟莊周與蝴蝶、與遊魚、與大樹的相親一樣。這種「親密」不是一般的占有、計算、利益關係，反而是無機、無用、無害的相遊關係。它們彼此「自在」，卻又互相「敞開」，如此而共在遊戲境遇的氛圍裡。德國哲學家海德格（Martin Heidegger）將道家這種「與物相遊」的無待、無爲，稱爲「泰然任之」、「虛懷敞開」。用海德格的話來理解有待、有爲，即在西方計算性、表象性的思考下，主體我的意識活動容易在人類中心主義的視域中，落入主、客相對的模式框架，將萬物視爲只是對象物的符號。於是，整個世界就不再以原來面目呈現，反而被語言符號裁割爲對象物拼貼而成的世界圖像，這可說是近乎知識論式的「以主攝客」。若用《莊子》自己的話說，有待乃是「以我觀之」而宰制自然萬物（貴賤由我），無待則是「以道觀之」而任萬物自然湧現（物無貴賤）。如此看來，能否與黃色小鴨相遊於道術、相忘於江湖，涉及到觀者能否「以道觀之」，能否「與物相遊」，能否「泰然任之」，能否「虛懷敞開」。

二、黃色小鴨把大人變成小孩，把商港變成孩子的大浴缸

我們先來看一段霍夫曼的橡皮鴨在維多利亞港時，港媒的報導：

「巨大鮮明的「橡皮鴨」乃當代的充氣藝術品，讓維多利亞港頓然成爲一個大浴缸。「橡皮鴨」取材於軟軟的鵝黃色沐浴鴨，是許多人童年的回憶，且無分年齡種族疆界，象徵快樂和美好，可愛的身影總會讓人會心微笑，巨型鴨與四周環境相映成趣，勢必成爲遊客爭相拍照的場景。」（引自 http://news.xinmedia.com/news_article.aspx?newsid=275057&type=0）

黃色小鴨幾乎模擬了幾世代人的童年玩具模樣，外表平凡無奇。這類小鴨玩具參與了許多孩童的沐浴經驗，每當家長要小孩乖乖待在浴缸洗澡時，通常就會在浴缸水面漂放一隻類似的黃色小鴨，很多小孩就這樣和黃色小鴨快樂地遇合，遊戲了起來，無形中也轉化了一場洗澡磨難。霍夫曼的靈感可能來自於自己的童年，跨越幾個世代相類的經驗與記憶，或許是霍夫曼黃色小鴨獲得共鳴的原因之一。童年的遊戲記憶可能深入人的潛意識，化成了樂園的原型意象，問題是在成長的理性化過程中，那些天眞幼稚的舉動與記憶早就被漸漸淡忘。霍夫曼想要召喚一個集體白日夢，猶如陶淵明夢想有一個桃花源，那裡沒有

政治暴力、沒有經濟剝削、沒有族群分裂，每個年齡層、每種生命樣象的存在，都可以自生自長、不受傷害。霍夫曼也有一個樂園意象，在香港受訪時，他表示希望黃色小鴨帶來沒有國界，沒有歧視，沒有政治算計的單純快樂。他希望大家看到「橡皮鴨」在海岸上可愛優遊的身影時，都能放慢腳步、放鬆心情，忘卻所有不愉快，在忙碌的一天之後還能展露笑容，散放正能量。八月初霍夫曼全家初訪高雄時也再度表示：他於二〇〇一年發想設計黃色小鴨就是希望藉由小鴨連結各地人群，拉近全球距離，讓世界宛如大家庭，懂得關懷身邊的人。

身爲藝術玩家，霍夫曼擴大了大家都曾有過或者與他類似的童年遊戲記憶，觸發了每個人的童年原型意象（以「黃色」陽光般的生命原力，搭配「小鴨」無憂無慮的天眞可愛）。換言之，光有情懷還不夠，如果要眞正做到「與物（黃色小鴨）相遊」，問題的關隘就在於莊周早就預告的，如何放下惠施那種成人的利益之眼、效用之心，轉換成天使般純眞的眼、兒童般遊戲的心。「遊」這個概念，在《莊子》裡還需要和「逍遙」合觀，如《莊子》第一篇名爲〈逍遙遊〉，其中「逍遙」、「無待」、「相忘」等概念，後來都轉爲美學藝境用語，也就是徐復觀在《中國藝術精神》裡所提到的藝術精神主體的美的觀照。它將「用」的效益主義之擱置，轉化出「無用之用」的美學超越，迥異於惠施的技術效用思維。我們就先從底下這段話，惠施與莊周的差異心眼談起：

惠子謂莊子曰：「魏王貽我大瓠之種，我樹之成而實五石，以盛水漿，其堅不能自舉也。剖之以爲瓢，則瓠落無所容。非不呺然大也，吾爲其無用而掊之。」莊子曰：「夫子固拙於用大矣。宋人有善爲不龜手之藥者，世世以洴澼絖爲事。客聞之，請買其方百金。聚族而謀曰：『我世世爲洴澼絖，不過數金；今一朝而鬻技百金，請與之。』客得之，以說吳王。越有難，吳王使之將。冬與越人水戰，大敗越人，裂地而封之。能不龜手，一也；或以封，或不免於洴澼絖，則所用之異也。今子有五石之瓠，何不慮以爲大樽而浮乎江湖，而憂其瓠落無所容？則夫子猶有蓬之心也夫！」惠子謂莊子曰：「吾有大樹，人謂之樗。其大本擁腫而不中繩墨，其小枝卷曲而不中規矩，立之塗，匠者不顧。今子之言，大而無用，眾所同去也。」莊子曰：「子獨不見狸狌乎？卑身而伏，以候敖者；東西跳梁，不辟高下；中於機辟，死於罔罟。今夫斄牛，其大若垂天之雲。此能爲大矣，而不能執鼠。今子有大樹，患其無用，何不樹之於無何有之鄉，廣莫之野，彷徨乎無爲其側，逍遙乎寢臥其下。不夭斤斧，物無害者，無所可用，安所困苦哉！」

——〈逍遙遊〉

白話譯解：

惠施跟莊子說：「魏王送我大葫蘆的種子，我種下它使其成長茁壯，結出了五石大的果實，用來裝水，太過沉重以致不能舉起。將它剖開做為水瓢，但它太大無法放進容器舀水。不是它不夠大，而是因為它對我沒有用，我才將它剖碎。」莊子回答：「你實在是太執著於物之定用了。宋國有善於製造護手霜的人，世世代代以洗衣為業。……有一位說客得到祕方後，以此遊說吳王。正當越國遭遇災難，吳王便讓他調兵遣將，在冬季與越人水戰，將越人打得全軍潰散，吳王便割地封賞他。同樣都擁有護手霜的祕方，有人得以封爵，有人仍以洗衣為業，這都是因為用法不同的原故。如今你有五石的大葫蘆，為何不將它繫為大舟而浮於江湖之上，反而擔憂它無處可容呢？可見你的心還是堵塞不通啊！」惠施跟莊子說：「我有棵大樹，大家都叫它樗樹。它的樹幹粗壯臃腫而不合乎繩墨標準，樹枝也太過捲曲而不符合規矩尺寸，這棵樹挺立在道路上，但工匠們卻不瞧它一眼。它的狀況就像是你剛才所說的話那樣，大而無用，所以大家才會拋棄它。」莊子回答惠施：「你沒有看過野貓與黃鼠狼嗎？牠們喜歡弓藏著身子到處埋伏，一心等待小獵物上鉤。卻因為只顧著追捕獵物，東跑西跳而不顧高低，最後自己也掉入捕獸夾而死於羅網陷阱中。你想想，現在天地間假使有隻大犛牛，牠長的就像天邊雲朵般巨大而自在。這隻巨大而活出牠自己的大牛，牠的大卻不是用來捕捉小老鼠用的。老朋友啊，何不放牛吃草，讓牠優遊自在！就像你現在也有一棵大樹，為何卻總是一味掛心它有沒有任何實用價值。為何不嘗試換個角度想想，任隨這棵大樹自然生長在不知名的鄉村邊，那一望無際的廣闊原野上，它可以讓你優遊自在地漫遊，可以讓你逍遙忘我地躺臥樹蔭下，難道這不是另一種妙用嗎？而且它將永遠不被利刃斧斤給砍伐，不會遭受外物的傷害。如此看來，它因為沒有你所謂的實用性價值，反而也就不會都被困苦在規矩繩墨、利害計算的羅網陷阱中了！」

惠施眼中的葫蘆是個權力象徵物，那是魏王給他的榮耀。莊子要點醒惠施的是：「物」作爲某用途，通常和「人」的認知有關。人的觀看與認知絕不是無預設、無前見的純粹觀看，「觀看」總是挾帶觀測者種種語言化的意識（桶中腦）投射。我們也可以這麼說，人是以語言符號在觀看，而且在看的當下，便有了語言命名的圖式化作用。語言命名的分類指涉，便同時確認了某一對象物的圖像輪廓及其本質，這就是「名以定形」。所以，當人對物進行符號命名，通常也決定了物的「定性」與「定用」，一旦不合「定用」，就容易被視爲「無用」之物，可以掊之棄之。對莊子來說，「有用」、「無用」這樣的區分並非來自物的本性，而是和人心名言的符號作用息息相關。一旦人心僵化，物的用途就容易定於一端，成爲意識型態的制式反映。物只要被「定用」下來，使用的人也會同時落入「拙於用」的僵化處境。所以莊子才會嘲諷惠施，原本活活潑潑、通達無礙的「神室」，從此封閉而且降級成「有蓬之心」。意思就是原本中空虛靈的自由想像之心，現在被茅草給堵塞而陰暗不通了。

接著莊子透過「不龜手之藥」的故事，即事顯理地啟發惠施思考一個耐人尋味的狀況：「能不龜手，一也；或以封，或不免於洴澼絖，則所用之異也。」一樣的護手霜，有人只能拿它在窮鄉僻壤洗衣糊口，卻也有人可以將它變成名牌，行銷國際而富可敵國。可見問題不在於護手霜本身的功能，而在於人的想像力與企圖心，有沒有將夢想羽翼飛天的能力，有沒有活潑通達、靈動無塞的神思，使「物」解脫原本的語言脈絡、固定框架，創造出意想不到的解放妙用。「不龜手」之物其實沒有固定的本質，它的「用」會隨著脈絡而移動、轉化，而用的指引脈絡則可能隨人、隨時、隨地而流動出新的意義。以〈逍遙遊〉中，惠施掊棄大葫蘆爲例，惠施的暴力舉動正反映出封閉而驕傲的理性主體、權力意識型態的受挫。當某物某用的慣性習氣不如預期一般正常運作，慾望的驅動力無所投射，受挫的心理很容易轉變成暴力行爲。惠施把焦點放在葫蘆輪廓的內邊（內容定用），莊子則是提醒惠施，葫蘆的輪廓同時有內邊與外邊（空無妙用），當內邊不好用、不能用，何不顛覆容器的既定思維，想像將水裝在葫蘆外邊呢？例如不稱它「大瓠」而改叫它「大樽」？惠施的葫蘆瞬間就被莊子變形爲腰舟。

因此，霍夫曼的黃色小鴨涉及認知觀點的轉換，觀者能否暫時忘卻惠施抱持的「成心」、「機心」、「有蓬之心」、「有用之心」等對象化活動，與黃色小鴨在道中相遇，至少要有《莊子》底下兩組魔法的加持才行得通。

㈠「小大互轉」的變形法術或顛覆能力

變形法術是《莊子》常見的遊玩策略，主要用來顛覆「小大之辯」的定見。《莊子》認爲小和大（包括美／醜、善／惡、是／非、高／低、上／下，一系列二元對立概念）是相對而成立的，它們必須依照脈絡才能決定。一旦洞曉〈齊物論〉所說「彼是方生」，即名言界定背後的二元性原理，就能等於掌握「活化」脈絡的關隘，擁有了第一個魔法。簡單地說，在〈齊物論〉、〈秋水〉中，莊周能把浩瀚的天地、高聳的泰山看成像秋毫、稊米一般微小，也能把號稱長壽的彭祖看成和殤子一樣短命無常，這種將時間、空間相對化的顛覆手法看似違反常識，其實說怪不怪，就好像視角從葫蘆的裡邊轉向外邊一樣，一旦不被輪廓線遮蔽，境界自然得以開闊。

霍夫曼的黃色小鴨其實不小，他向眾人童年記憶中的小鴨吹了一口魔法之氣，讓小鴨長成了高十八公尺的巨鴨。這個「把小變大」的法術，顛覆或者變形的遠不只是那隻橡皮鴨的形體。更重要的是，當把小鴨重新放置在他所選擇的特定空間裡，不知不覺之間也把周圍的景觀轉變了；小鴨充氣變大的同時，大人與周圍的景觀自然如同下圖所顯示那樣變小，大人的身形與視角自然也轉化成小孩式的身形與視角，成年心態轉向孩童心境。

㈡「無用大用」的想像超越或遊戲能力

莊子更爲關注的向度是「無用」的遊戲性格。若用法國思想家巴塔耶（G. Bataille）

的概念來解說「無用」，即人不能單憑時時計算「有用無用」的「有限經濟」理性延遲來決定一切生活，人還需要「無用之大用（不計代價）」的「無限經濟」逍遙模式。在〈逍遙遊〉中，莊子浮遊於江湖的「大樽」雖然還有像是腰舟這種另類工具用途，但這對莊子而言並不是掙得生計的實效工具，他將腰舟轉換成無所可用的慵懶、閒適狀態，帶出「浮於江湖」的純然逍遙快樂，而「無用」就此開顯出「無用之大用」的人生祕密。「無用之用」事涉了遊戲的看法，愈融入遊戲則愈失去主體，也就是說，「去主體化」的遊戲能力解放了有用／無用的二元對立，並回到當下「物我無礙」的存在方式，脫落葫蘆或大樽之名，萬物得以在其自己，不被傷害，人也在「物我相遊」之中，暫時抹除主體的沉重滯礙，重獲與遊戲情境共在共振的自由。從這個向度來看，莊子不採取惠施「效率人生」的計算心態，因爲對莊子而言，惠施過於逞才適用，結果在成就自己功業同時，也造就了自己勞苦役役的一生。

霍夫曼運用的正是莊周「無用之大用」的逆轉法門，他希望每個曾有過黃色小鴨的人，都能找回當年「虛化主體」、「主體虛化」的童眞，重返與小鴨玩具「相遊於浴缸」的歡怡記憶。那是一沙一天堂、一花一世界的詩意時光，從而使參與其中的成人有如孩童，能在無事無爲的純粹遊戲當中獲得「非效用」、「非獵取」的存在轉化。這也使得維多利亞和高雄這兩個原本視經濟利益至上的商業大港，頓時轉化爲一群大孩子們的大浴缸、遊戲場，呈現出無用之大用的人文風景。上述全然無用的時光，奇蹟式地造就出成年人日後想要「永恆回歸」的原鄉，它存在於每人的童年記憶深處，並深具樂園體質。弔詭的是，這個樂園正是由成年人棄如敝屣的「無用」，所蛻變出來的遊戲大用、情感原鄉。法國哲學家巴舍拉（Gaston Bachelard）將人對浩瀚宇宙的日夢玄想，連結到童年記憶時發現：

「多少次純粹的回憶，有關無用的童年的無用的回憶，卻一再歸來宛如一種促使夢想的精神糧食，宛如一種來自非生活的恩惠以協助我們在生活的邊緣生活片刻。在休息與行動，夢想與思想的辯證的哲學中，童年的回憶足以清楚地說明無用的東西的有用性！」

引自巴舍拉著，劉自強譯：《夢想的詩學》（北京：生活．讀書．新知三聯書店，一九九六年），頁一四六。）

童年是取之不盡，用之不竭的精神食糧，過往的童年意象並不如煙，它是成年人經常留戀忘返的記憶閣樓，歷久彌新。成年人已然鈍化的情感，將從那裡重新汲取，有如泉水般清新甘甜。「轉小為大」和「化無用為大用」這兩個藝術手法，都是《莊子》語言遊戲的態度和策略，要讓人使用語言而不著泥語言，使成人暫時獲得了童眞般的更新。這讓我想到了羅蘭．巴特（Roland Barthes）的一段心情：

「因此，我喜歡用言語和聆聽這兩個詞，它們在這裡結合在一起頗像是一個在媽媽身邊玩的孩子的來來去去，孩子跑開又跑回，給媽媽帶回了一片石子、一根絨繩，於是圍繞著一處安靜的中心描繪起整個遊戲場來，在遊戲場內的石子、絨繩最終不如由它們所構成的滿懷熱忱的贈予行爲本身重要了。」

引述自羅蘭．巴特著，李幼蒸譯：《寫作的零度》（臺北：桂冠，一九九一年），頁二十一。）

巴特和莊周都是語言遊戲的高手，〈天下〉篇曾言莊周書寫「大道」的語言風格居然是「謬悠之說，荒唐之言，無端厓之辭。」亦即卮言遊戲與氣化遊戲都是無止盡的交換遊戲之力量運動。而莊周活用卮言、巴特善用隱喻修辭，他們對待語言都猶如孩子進入遊戲一般樂此不疲，還能將語言遊戲的豐富性送給讀者。

三、看見「無」、看見「空」、「言無言」的視覺轉換與語言遊戲之能力

〈逍遙遊〉曾描述，物我相遊的生機勃發狀態，可以將狸狌對資源的偏執奪取，轉化爲放牛吃草的悠然自得，並由此應許主體（人）與客體（物）轉而成人牛俱忘、魚我無機、

樹我通氣。這樣淡薄無掛、物我相遊的日夢玄想，不管從視覺上、認知上或存在上，都歷經了一番「虛」、「無」、「忘」的轉化工夫。《莊子》的虛、無、忘，是把先前既定對「實有」、「定有」的輪廓固著，給予虛位或抹除的能力。它具有逆向思考的「減法」特質，如《老子》所言：「虛其心，弱其志」、「為學日益，為道日損」，而這種「從有到無」、「從實到虛」的視覺轉化，《莊子》延續了《老子》對「空無」空間的洞見：

「常無，欲以觀其妙；常有，欲以觀其徼。此兩者，同出而異名。」

——《老子》第一章

白話譯解：

藉由道的不可見性特質，可觀照事物的變化微妙性。藉由道的可見性特質，可把握事物的具體性。而這兩種特性是一體共在的，只是名稱不同罷了。

「三十輻共一轂，當其無，有車之用。埏埴以為器，當其無，有器之用。鑿戶牖以為室，當其無，有室之用。故有之以為利，無之以為用。」

——《老子》十一章

白話譯解：

以三十根車軸當作一輪，集中在軸心，得留下輻軸與輻軸之間的空隙，才能發揮車輪的功用。揉捏陶土當作生活器具時，也必須留下中間的空間，才能夠有盛放物品的功用。蓋房子時，也必須留下室內空間，才能夠使房子有遮風避雨的功用。因此，我們除了關注「有」（具體性）帶來的便利，也不該忽略「無」（空無性）可產生的妙用。

因爲人的單點透視傾向於對「物」的定著，所以一般人很容易只看到器物（如輻轂、埏埴、戶牖）的可見性輪廓（有），因此也容易限定在器物的定用徼向，不容易領悟到器物也有它的不可見性（無），也就難以發揮無限空間的遊戲妙用。莊周卻能跳出常人在視覺上容易「對象性」、「焦點化」的習癖，並且自覺地給予變化位移的能力，不拘泥於「有」之功用的「局限空間」，轉而去看輪廓外的「空無」，於看不見的「無限空間」，敞開「無」之妙用。這顯然是依靠想像力的觀看，因此才能將容器內邊的定量水，轉化成容器外邊的無量水。「將水裝在葫蘆外邊！」這種想法好像很瘋狂，其實不然。「看見無」、「看見虛」，正是《莊子》一書處處閃亮的思維靈光。莊子首先運用視覺轉換改變了葫蘆的定用特性，像是他敢於想像看見葫蘆的「外部容器性」。他知道葫蘆之名是約定俗成的，是被指示出來的暫時作用，並非來自先驗或本質。一旦我們暫時中止葫蘆的假名，不用先前看待葫蘆的方式看待它，它就會從之前的「限定性」轉化爲「可能性」。老莊「看無」、「見空」這類語言遊戲，古今中外不乏類似的說法。以下試舉數例：

㈠法國作者，安東尼．聖艾修伯里（Antoine de Saint-Exupery）的名著《小王子》（*Le Petit Prince; The Little Prince*）的幾張想像圖式。

作者透過孩子與成人的對比視域，展開此書的想像旅程。小王子在小時候總是既期待又怕受傷害地把上圖拿給大人看，並興味十足地問他們看見了什麼？答案千篇一律：「帽子！」這反應成人猶如訓練有素的惠施，對「葫蘆的輪廓」早就有了直覺反射，重複預擬了葫蘆的定見與定用。惠施因大葫蘆不堪使用而憤怒，小王子則因爲大人只看見到一頂用來戴的帽子而傷心。惠施的憤怒，我們已經明白了，而小王子的傷心，下文分解。

翻過另一頁看到第二張圖時，成人好像換了一雙全新的眼睛，也像換掉了一顆舊腦袋，原來是「小蛇吞大象」這個不可思議的景象。由於波瀾起伏跟一般人眼中的帽沿輪廓很像，人只看到這唯一的「（帽）相」、想起這唯一的「（帽）名」。成人利用語言命名世界、分類事物，從此世界便成爲了《莊子》所謂的「物有封焉」。封閉的事物、閉鎖的圖像、僵化的世界，三位一體地反映出想像力的枯竭。《小

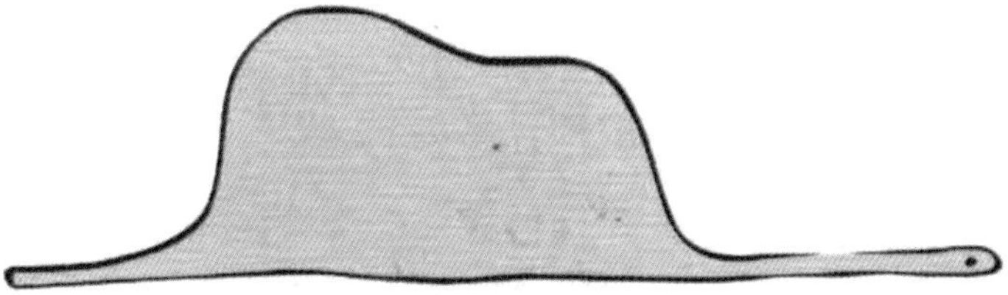

王子》的第二張圖則試圖傳達小孩子比成人具有更多「看見無」的能力，他能看見輪廓線以外的空無空間，並應用天馬行空的想像力，從一條具有可能性的輪廓線條，變化出兩個圖形（小蛇與大象），並誇張地突顯出「以小容大」（另一種小大之變）的奇妙畫面。「小蛇吞大象」的寓意可能不只一個，但它立即讓我們想起了「人心不足蛇吞象」這個諺語。雖然我們已經無法得知安東尼．聖艾修伯里的靈感是否來自這裡，但他確實玩了一個漂亮的視覺魔法，並藉此顛覆了成人知覺背後的意識型態。

《小王子》一書的開宗明義正是：離開孩童天眞的成人，原本自由活潑的想像力，通常也逐漸被既定的教育和常識所制約，成爲制式化的機械反應。成人總會慣常沿著輪廓外延線條把圖形看實了，只能在封閉性的帽子皮相上進行重複的意象，很少有成年人敢運用想像力去看空無一物，並藉此創造無窮的意象生機。孩童的眼與心，似乎是成人以外的另一類心眼，除非成人們能擁有莊周與安東尼那般大孩子的眼與心，否則如何可能從一頂帽子，魔術般地變形出小蛇吞大象的奇異風景？

㈡色盲測試與「鴨子？兔子？」圖形

沒有色盲的人只要學過阿拉伯數字概念與形像的配對關係，就能以肉眼在一堆難以數計、大小不同、顏色細微差異的圓點群中，辨認出某個阿拉伯數字。他們觀看這些圓點狀的色塊時，由於對視覺的規範作用，使得他們能在紛亂的色塊中，觀察、組織並指認某個特定的視像。一個經過教育訓練而且沒有色盲的人可以在第一時間辨示出上圖色點中央的阿拉伯數字「4」和「6」。相同的情況，他應該也能在第一時間辨認出下方圖形不是鴨子，就是兔子。他到底看見哪一個，差別只在觀看的人所在的視角。然而我們要問的是，倘若看圖的人仍是個還未學習過阿拉伯數字的孩子，或是個沒有見過鴨與兔的孩童，他還能指認出4、6、鴨、兔，這些名與相嗎？我要說的是，教育的過程開啟了4、6、鴨、兔這些圖示與意義，同時也遮蔽了另外的可能性。孩童天馬行空的想像力，被代換成一組組穩定而固著的知覺圖式。

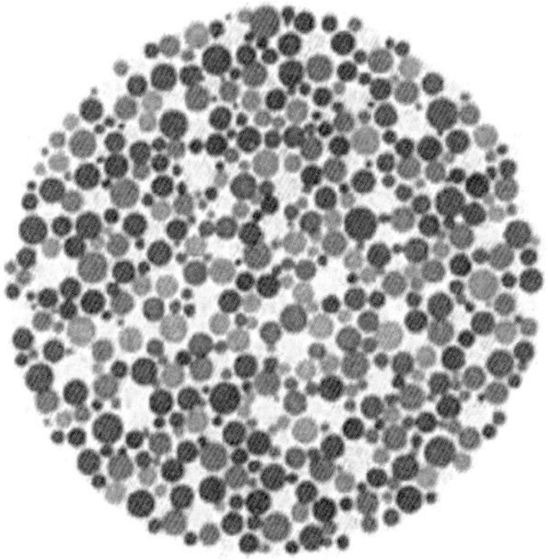

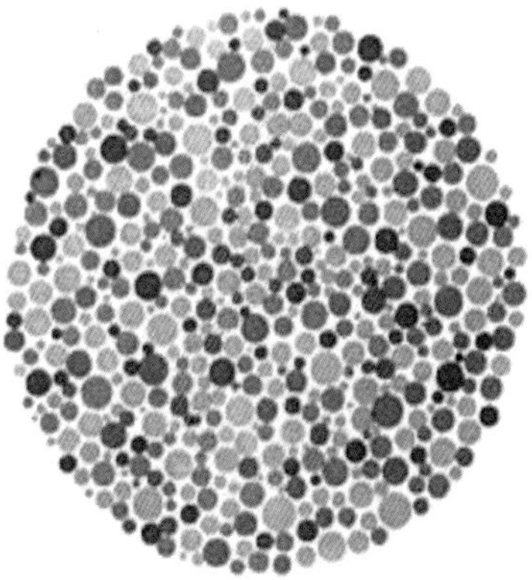

㈢義大利肖像畫家阿爾桑保羅多（Giuseppe Arcimboldo）的肖像

要開發想像力，如果從圖形、意象的角度說，或許可以嘗試從「變形」著手。如扭曲既定的空間形象，或改變觀視圖形的角度，以便打開輪廓的封閉性，讓形式重新流動。這一點，從西方現代藝術發展過程裡，由寫實到抽象、從再現到表現的解放過程，便可見一斑。如果從文字的角度說，或許可以從多元差異的書寫遊戲來著手，以便打開文字的概念化、精確化等常規，以造成語言的流通交換、映射融合。此

鴨子？兔子？

正如羅蘭．巴特〈阿爾桑保羅多：修辭學家與魔術師〉所描述的符號遊戲的文學隱喻現象：「隱喻在其自身轉動，但卻是按照一種離心的運動在轉動：意義在向著無限噴濺著碎屑。」（羅蘭．巴特著，懷寧譯：《顯義與晦義》，天津：百花文藝出版社，二〇〇五年，頁一三六。）然而不管是從造形藝術的視覺遊戲著手，還是從文學藝術的修辭隱喻著手，兩者都有異曲同工之妙。因爲視覺和語言之間存在著共構關係，一旦其中一方鬆綁，另一方也會因連動而開始解放，只要視覺開始復甦流動（如多重視角的遊觀），語言自然也會生動起來（如語言遊戲的卮言）。

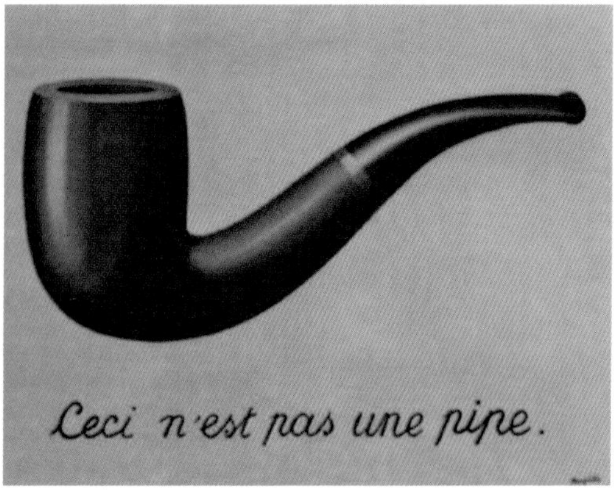

(四)比利時畫家瑪格利特（René Magritte）名爲「這不是一支煙斗」的畫

在多數人的眼裡，這幅畫就是一支紳士煙斗，畫家刻意爲之的超寫實手法，更是加強了視覺的確定性。問題是，作者卻將這幅畫取名爲「這不是一支煙斗」，這不就是在挑戰或否定我們的看見（視覺認知）嗎？瑪格利特的操作策略在於：用語言去質疑視覺，或者說，刻意造成視覺和命名的衝突。一般而言，看見圖像的同時，我們的腦中也會同時浮現名言，而且彼此之間通常具有相當穩定的符應關係。同理，看見瑪格利特的煙斗圖像時，雖然未必會從口中說出，也會自然而然的在意識中浮現煙斗這個符號。所以也可說，煙斗的名言符號決定了我們眼中所見的煙斗圖像，當瑪格利特刻意讓圖像與命名產生直接的矛盾性時，便開啟了類似一樁禪宗式的疑情公案。

藉著「這不是一支煙斗」這個文字般若，瑪格利特質疑或破除人在視覺上的慣性知覺圖式。常人總是看見煙斗就說煙斗，猶如見山是山、見水是水那樣明白無疑。但這樣的無疑與明確，對瑪格利特而言，才是最可疑的，與其說他懷疑常識或事實，不如說他懷疑的是，殊途同歸的標準的答案是怎麼來的？他有著和小王子相似的困惑，爲什麼大家總是千篇一律、異口同聲？背後的機制是怎樣制約了所有的可能性？所以他嘗試去懷疑這個「桶中腦」的框架，當看與說相互矛盾時，這幅圖會變成什麼？經過這個質疑，標準答案「煙斗」，竟掉入五里雲霧，變成模糊不定的「？（問號）」。他讓「煙斗」變成「煙斗？」讓解答翻轉成爲最大的懸疑。

㈤禪宗公案集《無門關》

有一天，首山和尙在做了一個奇異的舉動，他在眾弟子面前突然高高拿起「竹篦」，並且問他們：「如果將眼前這個東西叫作竹篦，這樣便是掉入了著相（觸：見山是山的常見），但如果不把眼前這個東西叫作竹篦，那麼這樣則掉入了落空（背：見山不是山的空見）。那麼既然說它是竹篦（A）也不對，說它不是竹篦（非A）也不對，請問大家，該如何稱呼它呢？」或許有人會覺得奇怪，時時關心猿、刻刻了生死的高僧大德，今日怎麼會閒情偶寄，玩起這種孩子氣的猜謎遊戲來？其實禪宗公案裡，類似的問答遊戲很多，他們以極爲認眞的態度看待這種名爲「參公案」、「參話頭」的話語遊戲，甚至嚴肅到把它視作傳法印心的勘驗法門。《六祖壇經》記載，禪宗五祖弘忍傳法給六祖惠能時，依憑的也僅僅是一首詩偈。將神秀的「身是菩提樹，心如明鏡臺，時時勤拂拭，莫使惹塵埃。」和惠能的「菩提本無樹，明鏡亦非臺，本來無一物，何處惹塵埃。」兩偈相對照，五祖弘忍據此立判兩者佛法見解的高下，當下便決定六祖爲傳人。由此可見這樣的公案對話遊戲實在不可小覷。佛法「即假即空即中」的實相般若的印證，常常就在這樣的語言機鋒中被傳承著。若上述惠能的故事還不夠驚人，我們還可以看看《無門關．第四十趯倒淨瓶》所記錄的這個公案情境，簡直可將之視為現代行動藝術的禪宗版：

溈山和尚始在百丈會中充典座。百丈將選大溈主人，乃請同首座對眾下語：「出格者可往。」百丈遂拈淨瓶，置地上設問云：「不得喚作淨瓶，汝喚作什麼？」首座乃云：「不可喚作木揬。」百丈卻問於山，山乃趯倒淨瓶而去。百丈笑云：「第一座輸卻山子也！」因命之為開山。

引自《佛光大辭典》，臺北：佛光文化，一九八八年，頁六八七二

原來一日不做一日不食的的百丈懷海禪師，也是用這種行動藝術來檢證弟子的。他公開對大眾說，今天誰能獲得我印證而出格的行者，將可出山去主持另一座法堂。話音剛落下，百丈隨手高高舉起身邊的淨瓶，隨後又重重放在地上，語氣堅定地問了一句：「如果不將眼前的這個東西喚作淨瓶，試問大家該怎麼叫它？」那時，長期和百丈學習的第一首座跳了出來，隨即答道：「也不可以喚作木頭！」（大概可推想淨瓶是以木頭製作的）此時百丈微微示問溈山和尚，沒想到溈山二話不說，起身便以雷霆萬鈞之勢，將淨瓶踢倒，揚長而去。這個結果出乎眾人意料之外。百丈懷海哈哈大笑說道：「第一首座啊，你的佛法見地，還是輸給了溈山啊！」從此溈山便成為了另一座山頭的開山祖師。

如此這般的禪宗公案，到底玩的是什麼把戲？爲何他們總是那麼在意「眼前這一物是什麼？」這樣的怪異問題，卻又警告大家「言語道斷」。爲何他們總在常人不疑處起疑？對理所當然的日常事物，吹毛求疵？當大家都看見竹篦、淨瓶的形象當下，爲何禪師卻又不許門徒直呼它竹篦、淨瓶？弔詭的是，叫它竹篦、淨瓶不對，不叫它竹篦、淨瓶也不對？這種兩難與悖論到底是爲了逼顯什麼道理？爲何潙山極爲粗魯的行動要比首座更得百丈懷海的心？這一系列的問題，可以從佛法的「即假即空即中」來作解，也可以從「說似一物即不中」來推敲，也可以從禪師重行解而不重知解去說明。如今我們從《莊子》對視覺、認知、語言的看法，又可得出另外一個解答。

四、視覺、認知、語言的三位一體性：如何同時看見小鴨與小兔

《莊子》一再強調，要重新打開想像，就得經歷一番疏通堵塞、解除遮蔽的清除工作（如心齋、坐忘），「虛室生白，吉祥止止」、「離形去知，同於大通」。「心」可視爲認識能力或意識活動，「心」被茅草堵塞就表示意識活動固態化、認識主體不再靈敏，〈齊物論〉則將這種心評斥爲「成心」。「成心」就是「成見之心」，是將「一端知見」擴張爲「普遍知見」，將「過去知見」綿延成「未來知見」的褊狹之心。莊周認爲，世人幾乎以成心爲師，都患有獨眼之盲卻不自知。也因爲「眼盲」與「心盲」共構，讓人活在「自是非他」的「是非圈」，人人都成了「是非人」。莊周感嘆說，有誰不以成心爲師呢？有

誰不落入是非圈，成爲是非人呢？這裡便涉及「視覺」（觀）、「認識」（知）、「語言」（言）的關係反省。如《莊子》所云：

「夫言非吹也。言者有言，其所言者特未定也。果有言邪？其未嘗有言邪？其以爲異於鷇音，亦有辨乎，其無辨乎？道惡乎隱而有眞僞？言惡乎隱而有是非？道惡乎往而不存？言惡乎存而不可？道隱於小成，言隱於榮華。故有儒墨之是非，以是其所非而非其所是。欲是其所非而非其所是，則莫若以明。」

——〈齊物論〉

白話譯解：

人是使用語言的言說性動物，而且言說者的言說現象乃是意有所指，不同於只是純然風氣吹拂現象而已。但言說者所表達的意指，它並未指涉任何絕對的本質或終極的真理，而是顯示出自己特殊觀看事物的特定角度。這種帶有個人特殊印記而未定的意指表達現象，我們要如何來看待？它到底真能辨明與確傳意指？還是未能辨明與確傳意指？它和鳥鳴現象有所區別？還是沒什麼區別？一旦「道」被限定而固蔽了，也就會產生內於道和外於道的真偽對立。類似情形，當「言」被執定固著在一曲之見、片面之言時，也就會產生誰是誰非的是非對立。可悲的是，多數人大都自我封限在狹窄的單行道路上，遺忘了條條大路通羅馬的「道行之而成」與「惡乎往而不存」。就像多數人大都封閉在獨具隻眼而「自是非他」，卻遺忘了人各有見、言各有當。所以才會產生儒家、墨家的強烈爭辯，因為他們彼此都用自己的標準非議對方的意見，或是肯定對方所反對的，如此一來，是非便要爭論不休了。與其用肯定對方所否定的觀點來反對對方所肯定的觀點，還不如明察物論是非的彼／是相偶結構，這就叫作「以明」的智慧。

人是使用符號的存有者。如卡西勒（Ernst Cassirer）所言，使用符號並非去「符應」實在，而是「決定」了實在，即所謂「名以定形」的「定」。這種「定」乃是「相對之定」，是人類在不同的時（歷史）空（地方）脈絡下的「約定俗成」，所以此「定」不是自然的先驗本質，只要一不小心，就會流於巴特《神話學》所批判的「自然的先驗眞理性」的「價值神話」。人類這種驚人的「說話」能力，當然不同於一般純粹簡單的空氣振動，實有著語言的「魔力」。語言的神聖／禁忌之間並存著弔詭，早就可以從神話敘事中看到。《淮南子》記載：「昔者倉頡作書，而天雨粟，鬼夜哭。」又如《聖經》巴別塔故事，上帝給予人類不同語言而使所有人離心離德，無法同心齊力建造巴別塔以通天。兩個古文明不約而同表達出人類發明語言文字是何等不平凡的神聖事件，同時也可能是開啟紛爭的危險事件。《莊子》絕非完全否定語言而走向純粹無言的冥契之境，它的完整立場在於：在語言結構中活化語言的無窮可能，以使語言走向卮言的無盡變化與遊戲妙用，惟有如此，才可以讓語言呈現氣化流行而「周行不殆」。但是在邁向氣化流行的人文化成的道路上，《莊子》也要我們時時刻刻反思語言可能帶來的遮蔽陰影：標籤化、單行道、權力化、膨脹化、意識型態化、人類中心主義化。

「指義前」的世界是在其自己的渾沌狀態，道未隱且無眞僞之別，所以道無所不在地呈現在萬物之中。此時萬物和人處在「原始語言」的「大音希聲」狀態，人無言而處於聆聽共感，萬物以自身生命力唱出自身。這種萬物齊唱的天籟便是「言未隱、無符號之是非分別」的純眞年代。曾幾何時，這種萬物齊顯之道、齊唱之音，竟都隱沒不見了呢？它可能就發生在人類語言介入時，一不小心的滑轉。此時人的主體自我、心靈意識與世界萬物的關係，都不再是原初流通、無常的原始風貌，它被焦點化的觀看、認知、命名的活動所取代。人類很容易就此滿足、膨脹於「小成」、「榮華」的語言符號局面。《莊子》提醒我們，如果我們放棄「戒愼恐懼」的憂患態度，人類必然會在把玩語言之火的過程中，將自己和世界焚燒殆盡。《莊子》說：

物無非彼，物無非是。自彼則不見，自知則知之。故曰彼出於是，是亦因彼。彼是方生之說也，雖然，方生方死，方死方生；方可方不可，方不可方可；因是因非，因非因是。是以聖人不由，而照之於天，亦因是也。是亦彼也，彼亦是也。彼亦一是非，此亦一是非。果且有彼是乎哉？果且無彼是乎哉？彼是莫得其偶，謂之道樞。樞始得其環中，以應無窮。是亦一無窮，非亦一無窮也。故曰莫若以明。

——〈齊物論〉

白話譯解：

萬物的知見，沒有不是以他物為「彼」，也沒有不是以自己為「是」而存在。你從「彼」方就看不見「此」方，相對地，從「此」方也就看不見「彼」方，自己的認識總是從自己的角度出發從而自我確認。所以說，「彼」是出於「此」之對待而有，「此」也是出於「彼」之對待而產生。「彼」與「此」相待的觀點，乃是事物相對又相成的一種狀態。雖然這樣，彼此二者正在產生的同時也正在互相抵消，正在的抵消同時也同時促成對方，正在肯定同時也正在被否定，正在否定同時也正在被肯定。依憑於是時也依憑於非，依憑於非時也在依憑於是。因此聖人不掉入單一角度的偏執，而要以超然的態度來觀照萬物，也就是用因循的方式應物。彼與是不可二分，彼中有是非，此中也有是非。果真有「彼」與「是」的絕對差別？或者「彼」與「是」的差別並非那麼絕對？為了讓「彼」、「是」雙方不再只有死決對立，可以運用「道樞」的智慧來轉化。這個轉化的樞紐，正因為它位在圓環的虛空中心，因此它能無盡回應而且轉化四方對立。「是」的脈絡也是可無窮轉化的，「非」的脈絡也是可無窮轉化的。與其追逐是非的決一死戰，不如深思明察觀點背後的合宜脈絡，以及是非的相偶相生之結構。

道隱、言隱的黑暗，反襯出人類語言符號的光彩，但人類通常自信自喜於這樣的語言光彩（說有光就有光），卻未必能反思它的遮蔽。人類語言既開顯又遮蔽，在成就意義價值世界的同時，也掉入是非爭論的二元擺盪命運中。這就是《莊子》所分析的「儒墨是非」

結構：語言的二元結構製造了人的偏見，偏見的固定視角、中心主義，又加強了自我看見的合理合法性，進而宣稱擁有眞理。因此儒墨之間的戰鬥，通常並未被它們反思爲一偏之見的話語權爭鬥，而被解讀爲正統/異端的眞理之戰。爲眞理的話語權勢而戰，實際上不離「肯定即否定」的相反相成的魔鬼邏輯：「方生方死，方死方生；方可方不可，方不可方可；因是因非，因非因是。」這種「方」或「因」的「相反相成」現象，或許可比喻爲孩童常遊玩的蹺蹺板，大家都在「你上/我下」的擺盪中，爭得頭昏腦脹。要如何在蹺蹺板遊戲中保持超然姿態呢？《莊子》提出的方法是：「莫若以明」、「照之以天」、「得其環中」等。前者可謂徹底理解語言結構的特性，後兩者則是經過反思、觀照之後，自覺採取一種「在其中又不在其中」的姿態。從「道樞」、「環中」、「照天」、「以明」等（中心、高度、明亮）隱喻，我們便可獲得靈感與創意的啟發。不管是從平面空間的「中心點」（如蹺蹺板的中心），或立體空間的「制高點」（如金字塔的制高點），還是離開陰暗洞穴而趨向光亮照明之處（以明）。它們都可以在語言二元結構中，不斷找出「第三個位置」、「第三途路」的「差異」化態度，不讓「彼是之偶」僵化成不可再轉動的意識型態，這樣才能「以應無窮」，才能「和之以是非而休乎天鈞」。只有不斷以「第三個位置」來解除「彼是相偶」之困境，才能不掉入「單行道」的危機（「是之謂兩行」）。

看著「鴨/兔之圖」，只有當我們能對鴨子與兔子的觀看位置、成心知見、語言結構的共構關係有所反思，並不斷走向遊觀、虛心、卮言者，才能算是擁有「兩行」能力的人。兩行之人，一方面可以照見自身的死角與偏見（思想皺褶），另一方面讓對立雙方互相位移轉化，進而融合出新的可能。簡言之，《莊子》要我們在——「是竹篦」、「是淨瓶」、「是煙斗」與「非竹篦」、「非淨瓶」、「非煙斗」——這兩端擺盪的對立中跳出來，走向環中的中道觀。《莊子》同時看見鴨兔，也明瞭兩種圖形都是觀者位置所決定出來的是非兩行，於是他可以進行圖形交換的遊戲，甚至將一切圖形都還原回渾沌未明的恍惚狀態。這種逆反渾沌的「中空」能力，也可以說是「看見無」的能力。對於這種復歸渾沌，老莊就時常將其類比爲「復歸嬰兒」。

五、黃色小鴨、放牛吃草、魚樂濠梁、睡臥樹下的人文風景與遊戲倫理

現今在科學眞理觀與技術效用觀的領軍下，以科學爲典範的趨勢，幾乎橫掃人文。順乘自然科學風行草偃之勢，人文科學亦步亦趨瞠乎其後。然而「人」畢竟不只是科學研究的客體物，更是推動科學的創造者。用海德格的話說，人的「存有」無法純粹用科學對待「存有物」的方式來展開，人還具有批判科學「遺忘存有」的反思能力。批判反思「人的存有自身」的可能性，使「人文科學」得以回溯到「人文風景」的原初性，而「人文風景」乃人以泰然任之的詩意方式居存在世界的原初景致。此時的人與風景，不爲科學知識的主客二元所能窮究。在此氣韻生動的風景迴盪裡，人在世界中、世界環繞人。人居住在風景中、在風景優遊，同時也成爲風景。可見風景不是靜態的外部空間，它是動態地交織在自

然大地（萬物的深度空間）與可居可遊者（人的遊觀視域）的渾然一體的經驗之中。

人文風景涉及人如何開顯風景存有的人文精神，這樣的探索無法脫離人的主體的存有意義的探索。風景可說是因人開顯，人也因風景而得以安居。然而隨著西方現代化的全球化激進過程，環境倫理已成爲全人類的共同命運。自然環境的客觀危機，是否正好爲我們提供省思風景存有論的可能？大地風景如果能重獲生機，是否同時就是人文回魂的時刻？這是我們身爲當代人文工作者很難迴避的處境。莊周所談的無用之大用，並非只爲了和惠施逞口舌之快，他是要創造一幅人文好風景。與其像惠施那樣處心積慮地站在風景外面，以主攝客地將世界對象化成一個外部圖像，然後用獵人一般的機心去獲取資源，不如走入風景，參與天地。即使是面對一棵參天大樹，惠施的認知心態其實和工匠的效益主義是一樣的，莊子則要人暫時脫去符號設定的框架，讓一棵因人而定名著相的「樗樹」（人謂之樗），重新還原回無名流變（無規矩、無繩墨）的「X（未被定名爲樗樹前）」。而「在其自己的X」便可自使自取、自開自落地徜徉於「無何有之鄉，廣莫之野」的無名天地之中。換言之，當大樹自在呼吸吐納於天地遼遠無遮的地平線的空氣之中，自然便瀰漫一股萬物祥和寧靜的生生氣韻。人的原初存在情境正是這種靈光四溢的「天—地—人—樹」共在於世的氣氛，此種逍遙於自然天地的身心情狀，不禁令人想起班雅明（Walter Benjamin）有名的靈光氣韻的自然美學體驗。所以《莊子》描述了這種當成人轉化爲孩童的天真模樣：「彷徨乎無爲其側，逍遙乎寢臥其下。」此時，天地如父母，大樹如搖籃，而莊子猶如「復歸於嬰兒」，無爲而逍遙地度過午後時光。那是一種切近我們童年都曾有過的遊戲時光，像是走入寂靜無爲的天長地久的隧道。而孩子們耗費終日，樂此不疲，無關代價，如入天堂。這樣一幅人文好風景，其所嚮往或成就的，並不單是一份悠然閒適的美學意境，也是美學與存有共顯的遊戲世界。

此處的倫理意蘊，首先不是一套語言符號規制下的任何倫理學系統，也不是一般社會角色扮演的身分規範下的關係再現，反而是在淡化了倫理規範後，人人回到與他人共在的原初生存情境，以還原更質樸、更純粹的倫理回應能力。此時此刻，成人機心虛損轉化爲孩童般的素心，沒有過多善名惡名的標籤，只是單純在其自己，柔軟地敞開自己，彼此與他人相遇、與他人共在於遊戲場域中。人在這樣無害又祥和的情境氣氛下，釋放了潛意識的焦慮與驅迫，既不責求自己，也不獵取他人，而暫時成就了一塊柔軟無爭的樂園之地。這是遊戲所轉化、所帶出的原樸之善、單純之良，而不是任何的機心之善、強爲之良。當成年人那種爾虞我詐、算計爭奪的心思計慮被鬆綁時，大家就好像突然來到了所謂的「渾沌之地」。身在渾沌之地者（中央帝），據《莊子》〈應帝王〉所示，他乃具有渾沌之德、渾沌之善。

在〈應帝王〉的渾沌寓言中，南方之儵與北方之忽來到渾沌這處中央樂園時，原本對立、競爭的計較心態，悄悄地被單純天眞的渾沌之水給洗滌淨化，一同「復歸於樸」地進入「恍兮惚兮」的渾沌之流。渾沌的善並非善/惡二元對立的一端之善，而是超越善名惡名的「上善（若水）」。「水」的隱喻，在《老子》那裡帶有柔軟、無爭、潤澤、包容等原始倫理意涵，它不強加裁判地與他者共在（水善利萬物而不爭），包容而體貼地回應於他者（以百姓心爲心）。而這種渾沌式的德善、常德，《老子》也喜以「常德不離，復歸嬰兒」、「專氣致柔，能嬰兒乎」的天真、柔軟來形容。這種返老還童的辯證式童真，是統合成年與童眞兩種能力於一身，而非弱稚、反智的童眞。可見，渾沌的良善猶如孩童般的天眞無邪，他呈現出的倫理消息不是出於動機而來的有爲善行，反而是化除過多有爲機心，純然只是復歸自身純眞質樸的信任，然後帶出一種柔軟而感通的氣氛，並讓氣氛瀰漫在他的周遭。奇妙的是，它卻可能使得進入這渾沌之流的人，一起被柔之、軟之而甘心如綿，如徐志摩詩歌所謂：「在康河的柔波裡，我甘心做一條水草。」

這種不出自主體有爲的動機，在於醞釀出一種潛移默化的柔和氣氛、感通回應，並帶來富含原初性倫理關係的復歸。《莊子．大宗師》也運用與水相關的隱喻，將其描述爲「相忘於江湖」：

「泉涸，魚相處於陸，相呴以濕，相濡以沫，不如相忘於江湖。與其譽堯而非桀也，不如兩忘而化其道。」

——〈大宗師〉

白話譯解：

泉水乾了，魚被困在陸地上掙扎，不得不互吐口水，來使彼此濕潤好過些，但這哪裡比的上魚兒們原本相忘於水中的優遊自在啊！與其一味美化堯而全然賤斥桀，不如回到事物還未產生善惡的固定化對立與見解之前，那種足以讓萬事萬物各在自己的悠然大道狀態。

那種「譽堯非桀」的道德裁判之倫理體制，對於老莊而言，不免猶如游魚被打撈上岸，離開了根源性的原始倫理情境，掉入善/惡二元的名言羅網中，才不得不給出「相濡以沫」的救濟方案。然而對老莊來說，倫理的第一性或許不在主體動機與客觀規範，反而是在機心未起、定則未僵之前，那個一同共在於回應處境，或共在於道之遊戲的相忘狀態之中。此時暫忘了自己是大人，且暫忘性別、暫忘國籍、暫忘種族，暫忘了任何社會角色的身分符碼。大家猶如純真的孩子、赤子的心，共在相感，柔軟相應。孩子的純真、柔弱讓我們再度相信生命可愛而邀請付出與關愛，使人間還有單純的慈柔與信任。由此看來，莊周和霍夫曼都仍然保有天真浪漫的赤子心、孩子氣，而他們也都相信在「無用之大用」的葫蘆外、大樹下，以及黃色小鴨的港邊風景裡，天地萬物、人我之間的倫理關係，都將暫時獲得修補、復原如新。

（這篇文章改寫自筆者在《文與哲》三十三期的期刊論文：〈《莊子》的童心遊戲、視點轉化、倫理呼喚〉，原始文章讀者可自行參考。）

Note

國家圖書館出版品預行編目資料

莊子，漫遊／賴錫三著. 一一初版.一一臺北市：五南，2019.09
面；　公分
ISBN 978-957-763-481-8（平裝）

1.莊子　2.研究考訂　3.老莊哲學

121.337　　10800981

1XGT 經典文學系列

莊子，漫遊

作　　者 — 賴錫三
發 行 人 — 楊榮川
總 經 理 — 楊士清
總 編 輯 — 楊秀麗
副總編輯 — 黃惠娟
責任編輯 — 高雅婷
校　　對 — 周雪伶、賴茵琦
封面設計 — 王麗娟
出 版 者 — 五南圖書出版股份有限公司
地　　址：106台北市大安區和平東路二段339號4樓
電　　話：(02)2705-5066　　傳　　真：(02)2706-6100
網　　址：http://www.wunan.com.tw
電子郵件：wunan@wunan.com.tw
劃撥帳號：19628053
戶　　名：五南圖書出版股份有限公司

法律顧問　林勝安律師事務所 林勝安律師

出版日期　2019年9月初版一刷
定　　價　新臺幣360元